文綉瀚錦

赵春林◎编著

阿里巴巴执行力

阿里巴巴
一家有着传奇色彩的企业
马云，一个人们再熟悉不过的名字

ALIBABA EXECUTION
在激烈的国际竞争中阿里巴巴的成立为中小企业创造无限机会。

责任与担当并存，梦想与成功齐飞

CFP 中国电影出版社

图书在版编目（CIP）数据

阿里巴巴执行力 / 赵春林编著 . — 北京：中国电影出版社，2017.10
ISBN 978-7-106-04805-1

Ⅰ. ①阿… Ⅱ. ①赵… Ⅲ. ①电子商务—商业企业管理—经验—中国 Ⅳ. ① F274.6

中国版本图书馆 CIP 数据核字 (2017) 第 246558 号

责任编辑：纵华跃
封面设计：孙希前
版式设计：张元元
责任校对：孙向敏
责任印制：庞敬峰

阿里巴巴执行力
赵春林　编著

出版发行　中国电影出版社（北京北三环东路 22 号）邮编 100013
电话：64296664（总编室）　64216278（发行部）
64296742（读者服务部）
E-mail：cfpygb@126.com
经　销　新华书店
印　刷　三河市航远印刷有限公司
版　次　2018 年 3 月第 1 版　2018 年 3 月第 1 次印刷
规　格　开本 / 710 × 1000 毫米　1/16
印张 / 15　字数 / 170 千字

书　号　ISBN 978-7-106-04805-1/F·0041
定　价　38.00 元

前言

FOREWORD

全球首富比尔·盖茨说过："在未来的10年内，我们所面临的挑战就是执行力。"同样是世纪超人的美国戴尔创始人迈克尔·戴尔也说："执行力就是在每一阶段、每一环节都力求完美、切实执行，这是企业成功的基础。"

的确，在全球经济形势日趋严峻，企业竞争几近白热化的今天，执行力就是生存力，执行力就是凝聚力，早已成为所有企业及其领导者的共识。

阿里巴巴，这个在神州大地上拔地而起的"巨龙"，自1999年3月成立至今，短短十几年时间里，不仅在国内电子商务领域高歌猛进，成为逆势而为的典范，而且，在全球互联网滩头，刮起了一股强劲的阿里旋风，成为国际媒体称奇的继雅虎、亚马逊、易贝之后的第四种经典模式。

探寻阿里巴巴的足迹，我们发现，"执行力"三个字，无疑是他们成长成功的锐利武器，正如集团CEO陆兆禧所说：阿里巴巴这么多年来做得最好的就是执行力！

那么，什么是执行力？马云认为，执行力就是贯彻战略意图，完成预定目标的操作能力。是把企业战略、规划转化成为效益、成果的关键。对个人而言执行力就是办事能力；对团队而言执行力就是战斗力；对企业而言执行力就是经营能力。

为此，马云曾与孙正义做过深入探讨：一流的点子加上三流的执行力，与三流的点子加上一流的执行力，哪一个更重要？结果两人得出同一个答案——后者远比前者重要。

在激烈的市场竞争中，一个企业的执行力如何，将决定企业的兴衰，是企业达成计划和目标的必然途径。企业强大的执行力，本身就是企业的一种核心竞争力。

阿里巴巴就是一支执行队伍而非想法队伍。它的成功，依赖的是高效率的执行力。正如马云所说："阿里巴巴不是计划出来的，而是'现在、立刻、马上'干出来的。"

如果说阿里巴巴的成功是执行力带来的话，那么，大凡成功的单位、组织均与执行力强弱息息相关。

在美国西点军校里有一个广为传诵的悠久传统，就是遇到军官问话，只能有四种回答："报告长官，是"，"报告长官，不是"，"报告长官，不知道"，"报告长官，没有任何借口"。除此以外，不能多说一个字。

原因无他，"没有任何借口"的执行。这是军校奉行的最重要的行为准则。它强化的是每一位学员想尽办法去完成任何一项任务，而不是为没有完成任务去寻找借口；它体现的是一种完美的执行能力，一种服从、诚实的态度，一种负责、敬业的精神。

阿里的今天告诉我们：没有执行力就没有成功，执行才是硬道理。毕竟，构想再伟大，也要有人将它实践出来，这一切，靠的全是执行力。

《阿里巴巴执行力》从责任、目标、探索、信念、行动、尊重等十六个方面入手，以案例加对比、演讲加阐释的方式，全面剖析阿里巴巴的执行力内核，综合披露了其融强大执行力于实际工作并最终催生企业从小到大，从弱到强的成功经验。内容完整，意理清晰，是有志提高企业管理能力，全面强化执行力的最佳范本。本书适合各类企业经营者、管理者和职场人士阅读。

目录 CONTENTS

第一章　责任，彰显执行力

责任，是一个企业对国家和社会所负责任的认识、情感和信念，以及与之相应的遵守规范、承担责任和履行义务的自觉态度。而执行力，却是贯彻战略意图，完成预定目标的操作能力。阿里巴巴强调责任，他们认为，只有肩负社会责任，才能服务大众，取信于民，为企业执行力落地创造条件。

◆ 阿里巴巴做得最好的是执行力

2013 年 5 月 10 日，阿里巴巴集团新任 CEO 陆兆禧今日在“淘宝十周年”晚会上发表了上任后的第一次公开演讲。他回顾了在阿里巴巴的工作历程，表示担任 CEO 后将继续坚持阿里巴巴的责任、使命和价值观。

对于阿里责任、价值观的描述，除了服务精神和创新之外，陆兆禧特别强调了执行力。他说“记得在中贡的时候，我们无数分布在各地的区域经理，当接到总部调令的时候，第二天也不问为什么，拣起包袱，就到新的区域、新的岗位继续战斗。”

陆兆禧一贯以执行力强著称，马云曾公开评价其“对新事务的欣赏和学习能力，对关键问题的判断和决断力，以及强大的执行力令人印象深刻”。执行力强加上价值观和马云保持一致是他当选阿里集团 CEO 的主要原因。

下面来看陆兆禧的演讲实录：

各位到场的阿里人大家好，各位阿里的家人、亲朋好友大家好，我今天是加入阿里巴巴第 13 周年的最后一天，明天将是第 14 周年的第一天，此时此刻，心里面只有感恩，因为马总说我们是幸运的，而我觉得我是很幸运的，因为从明天开始，我将传承阿里巴巴的使命，我们的价值观、我们的责任，传承我们开放、透明、责任、分享的互联网精神。

我在阿里巴巴 B2B 工作三年多，然后到支付宝工作三年多，后来又在淘宝工作了四年，又回到了 B2B，后来又去管大数据，也做了我们的手机操作系统云 OS。在这个过程中，学到了很多，但是更多的是感悟，是你们让我成长，是客户让我们成长，在这里我特别感谢你们，感谢马总，因为我只是一个最初开始，只是在酒店里工作的一个服务生。但今天拥有这么一个机会，能够传承阿里巴巴的文化，坚持我们的梦想，那是一件最光荣的事情。阿里巴巴走过了 13 年，有什么东西值得我们继续坚持的，就是我们的使命，就是我们的价值观。

我们坚持客户第一，未来我们会继续坚持，继续传承，我们讲服务，未来我们由服务走向体验，体验不是像我以前在酒店里面不断的面对客人说“您好”，真正的体验是一个产品的友好和用户的贴心和贴身。

今天在阿里巴巴这个平台上，我们因为拥有了那么多的用户、那么多的数据，我们有这么样的机会，让每一个客户登录到我们的平台上面，都有自己的一片空间，都知道阿里巴巴、淘宝是为他所定做的。所以希望我们的团队一起把这个任务完成好，让阿里巴巴的用户上了我们的平台之后有最好的体验。

第二个，我们要传承的是创新，13 年以来，我们从 B2B 到淘宝，到支付宝，到聚划算，到云计算，到手机操作系统，到我们的阿里金融，我们创新一路走来，创新承载了我们的业务，承载了我们的未来，我跟我的团队会更加推动我们公司内部的创新，无论在薪酬福利、内部的奖惩制度上面、晋升制度上面，鼓励那些承担责任、敢为人先、敢于承担责任的人，希望我们更多的老人做新业务、新人做老业务，更多的老同事能站出来，把我们的创新传承下去。

最后还是要强调一点，阿里巴巴 13 年以来做得最好的一件事情，除了我们坚持梦想，还有我们团队强大的执行力，记得在中贡的时候，我们无数分布在各地的区域经理，当接到总部调令的时候，第二天也不问为什么，拣起包袱，就到新的区域、新的岗位继续战斗，记得每一次在淘宝、阿里的邮件，最后大家都会有这么一个签名“此时此刻、非我莫属”，这是一种承担，是一种责任，而背后支撑我们的，是我们习以为常的执行力，再大的梦想、再远的规划，都需要执行，执行让阿里巴巴的战略变得越来越灿烂，执行让我们的舞台越来越大，因为我们的执行力，客户越来越相信我们，越来越愿意把他赖以生存、发展的地方放在阿里巴巴、淘宝、支付宝，我们的平台上面。

感谢我们的客户，感谢我们的伙伴，也感谢我们的竞争对手，让我们能保持清醒的头脑，我们的客户给我们温暖。淘宝经过了七年的不赚钱，支撑淘宝发展的是客户的认可，未来能够支撑我们继续往前迈进的是我们的梦想，还有家人温暖的眼光、目光。

希望我们无论在何时何地，都能获得客户、家人、伙伴和朋友的支持，希望大家在阿里巴巴、在淘宝开心、愉快地生活，谢谢大家！

（掌声）

在激烈的市场竞争中，一个企业的执行力如何，将决定企业的兴衰，是企业达成计划和目标的必然途径。企业强大的执行力，本身就是企业的一种责任感和核心竞争力。阿里巴巴就是一支执行队伍而非想法队伍。它的成功，依赖的是高效率的执行力。

执行力金句：

马云不止一次强调：“有时去执行一个错误的决定总比优柔寡断或者没有决定要好得多。因为在执行过程中你可以有更多的时间和机会去发现并改正错误。”

◆ 行动要肩负社会责任

微软董事长比尔·盖茨曾对他的员工说：“人可以不伟大，但不可以没有责任心。”比尔·盖茨说这句话，是建立在他对执行力重要性认知的基础上的。因为一个人只有具备高度责任感，才能在执行中勇于负责，在每一个环节中力求完美，按质、按量地完成计划或任务。所以微软非常重视对员工责任感的培养，责任感也成为微软招聘员工的重要标准。正是基于这种做法，成就了微软一流的执行力，打造出了声名显赫、富可敌国的微软商业帝国。

在2009年阿里巴巴十周年庆典上，马云出席讲话，他说：

当今世界需要的是更加开放、更加注重分享、更加具有责任、承担责任的社会型企业，是来自于社会、服务于社会、对社会充满责任的企业。我希望商人再也不是唯利是图的象征，我希望企业再也不是以追求利润为目的，而是要追求社会效益和社会公平，我希望企业家更多地承担政治家、艺术家、建筑家一样的责任，成为促进社会发展主要的动力之一。

前面十年，通过社会各界朋友的帮助，阿里巴巴成功创业；未来十年，阿里巴巴将通过自己的平台帮助无数的企业成功，帮助无数的创业者成功。

未来十年，阿里巴巴的每一位员工都将坚守我们的信念，坚守我们的文化，坚守我们的梦想。只有梦想、理念、使命、价值体系才能让我们走得更远。我们希望通过阿里人的努力，让全世界所有的企业在平等的、高效的平台上运作。

的确，一个企业家创办企业时，肯定有自己的初衷。马云有着独特的企业家情怀，他对企业家的社会责任感有真切的看法，并且能够将之付诸行动。这些其实是他创建阿里巴巴的内涵和延伸，是他做企业的真正动力和目的。

马云希望阿里巴巴能让更多的人就业，这样家庭才能稳定，家庭稳定了社会才能稳定。他用自己的理论唤醒他人，用自己的行为感染他人，这也是企业家具备社会责任的一种体现。

马云对企业、企业家与社会责任三者之间的关系有以下理解。

社会责任不该是一个空的概念，也不单纯局限于慈善、捐款，而是与企业的价值观、用人机制、商业模式等息息相关。许多人都认为做企业就应该以赚钱为目的，但阿里巴巴并不是这样的。让员工快乐地工作、成长，让用户得到满意的服务，让社会感觉到企业存在的价值，这才是阿里巴巴的责任所在，至于赚钱和社会回报，那是水到渠成的事。

在以“新财富观：社会责任价值共创”为主题的2006年中国管理100年大会暨“双十”推选颁奖典礼会议上，马云再次阐述了他对社会责任的理解。他认为中国的企业应该重视以下两件事。

第一，必须对自己提供的产品和服务承担社会责任。如果企业只以赢利为目的，但是制造的产品和服务对社会有害，哪怕捐再多钱也会为人们所唾弃。第二，在中国现在的形势下，企业家应该把钱用于扩大自己的经营，增加就业机会。目前，大学生缺乏就业机会，而企业家最能创造就业机会。

马云认为企业最重要的是提供优秀的服务、优秀的产品，能够创造更多的就业机会，让更多的人有工作。

社会责任一定要融入企业的核心价值体系和商业模式中，这样才能行之久远。也就是说，一个企业的产品和服务必须对社会负责。

爱默生说：“责任具有至高无上的价值，它是一种伟大的品格，在所有价值中它处于最高的位置。”领导就意味着责任，承担责任会赢得更多的尊重，只有将整个团队带好，才具有领导的魄力和信服力。

2013年5月10日，马云在卸任阿里巴巴CEO时，说了如下的话：

做公司到这个规模，我很骄傲，但是说到对社会的贡献，我们才刚刚开始。

我们今天得到的远远超过了我们付出的，企业要想走得远走得久，就要解决社会的问题，社会上存在的问题，就是在座的机会。如果社会上不存在任何问题，就不需要在座的各位了。

阿里人坚持为小企业服务，因为小企业是中国创造梦想最多的地方。14年前，我们提出了“让天下没有难做的生意，帮助小企业成长”的使命。今天这个使命落到了你们身上，我还想再为小企业讲，人们说电子商务、互联网制造了不公平，但是我认为，互联网制造了真正的公平。

互联网为全国各省、市、区的小企业、初创企业提供税收优惠的机会。就是这些小小的税收优惠机会很可能造就中国将来最大的纳税者。

企业是社会的细胞，社会是企业利益的源泉。企业在享受社会赋予的条件和机遇时，也应该回报社会、奉献社会。很多优秀的企业早已证明：“社会责任感强的企业，才更受尊重。”

作为中国“最具社会责任感企业”和“中国最受尊敬企业”的青岛啤酒，靠的便是实实在在的行动。社会的认可和肯定是它“社会价值高于企业价值”的充分体现。

2008年1月，中国南方遭遇了50年一遇的罕见冰雪灾害。1月29日，青岛啤酒紧急抽调湖南区域上百名员工，为上万名受困群众送去面包、饼干、纯净水、棉大衣等物资。青岛啤酒员工与政府、媒体记者、广大部队官兵在刺骨的寒风暴雪中共同给受困数日的群众带去温暖。

从1月29日早8点到30日凌晨2点，200多名青岛啤酒员工奔走在京珠高速上，在救灾物资都已发放完毕的情况下，他们毫不犹豫地将自己身上的棉袄脱下来，送给被寒冷折磨的司机和乘客，而他们穿着单薄的衣裳继续传递爱心。在全国助残日活动期间，青岛啤酒特为残奥会捐赠150万元人民币，用于残奥会的筹备，支援中国残疾人体育代表团更好地备战残奥会，让更多的残疾朋友参与进来，感受奥运带给大家的激情与活力。

企业不关注责任、不关注未来是走不远的。企业履行社会责任与企业品牌建设有着直接、深切的联系。履行社会责任已经成为企业品牌建设的基石。只有将社会责任纳入企业的发展蓝图，企业才能走得更稳、更远。

阿里巴巴集团未来的核心发展战略是，“建设电子商务基础设施，培育开放、协同、繁荣的电子商务生态系统”，而这一切都将统一在社会责任的大旗下。

综上，阿里巴巴的企业责任感是内生的。阿里巴巴认为，企业的社会责任应内生于商业模式，并与企业发展战略融为一体。只有使社会责任成为内在核心基因，才能具备恒久性和可持续性。脱离商业模式、发展战略与核心价值体系等企业立身之本，去架构社会责任的做法，将很难行之久远。以淘宝网为例，淘宝网的商业模式本身决定了它可以解决大量就业问题，根据阿里巴巴提供的数据，一个淘宝网大约为 100 万人提供了就业平台。阿里巴巴旗下的 7 大子公司，无论是做电子商务还是软件，都把社会责任根植在商业模式中。

实际上，阿里巴巴之所以把社会责任作为企业未来战略，与其在社会责任方面的作为分不开。阿里巴巴以信息服务平台开创的 B2B 模式在过去的五年中，用电子商务整合传统产业，创立了自己的品牌；其模式已经逐渐得到了社会的承认，为自己赢得了诸多的荣誉，在国内和国际产生了一定的社会影响。

执行力金句：

执行力的关键是队伍建设、流程规范、提升士气这个铁三角，再加上“没有任何借口”的精神，没有任何借口——

体现的是一种负责、敬业的精神，一种服从、诚实的态度，一种完美的执行能力。

◆ 有使命感才有执行力

一个人的日常生活不只是工作，更不是单纯地为了赚钱，换取生活的成本，重要的是通过工作，完成我们的使命，从而获得成就感、满足感、积累工作经验和做人做事的道理，为远大前途而努力。

还是在 2002 年 6 月宁波会员见面大会上，马云说：

两个月前，我到纽约参加世界经济论坛。我听世界 500 强企业的 CEO 谈得最多的是使命感和价值观，而中国企业很少谈论这些，因为他们认为谈这些显得太虚。正是因为我们的企业缺乏这些，所以我们企业很难做强做大。

那天早上克林顿夫妇请我们吃早餐，克林顿说：美国在很多方面是领导者，但是由于缺乏引导，有时领导者不知道该往哪儿走，他们没有榜样可以效仿。我问道："这个时候是什么让他们做出决定，"克林顿说："是使命感。"

让天下没有难做的生意是阿里巴巴的使命。大名鼎鼎的通用电气，他们 100 年前通过做电灯泡起家，他们的使命是让全天下亮起来，这使其成为全球最大的电器公司。迪士尼的使命是让全天下的人开心起来，这样的使命使得迪士尼拍的电影都是喜剧片。

阿里巴巴的使命是让天下没有难做的生意，因此它的所有软件都是要帮助客户把生意做得简单。

的确，阿里巴巴的使命是："让天下没有难做的生意。"所以员工做任何事情都必须围绕这个目标，不做任何违背这个使命的事情。所以每当有人问马云凭什么做出这个决定时，马云都会回答说："是使命感。"阿里巴巴每推出一个产品，首先要考虑这个产品是否有利于客户做生意。阿里巴巴的使命就是让客户挣钱，帮助他们省钱，帮助他们管理员工。马云在做每一个决定之前，都会考虑怎样做才会使客户的利益更大化。

马云说，阿里巴巴提出"让天下没有难做的生意"这个使命以后，就将其作为企业推出任何服务和产品的唯一标准。例如，在此之前阿里巴巴推出免费产品时，工程师、产品设计师和销售师马上想到可以把免费产品搞得复杂一点，将来的收费产品搞得简单一点，所以产品就越做越复杂。但是，提出"让天下没有难做的生意"之后，此先的想法就彻底消除了。阿里巴巴就是要把产品做得非常简单，让客户操作越来越简单。这就是使命感的驱动。

面对"为什么阿里巴巴当时选择了电子商务"的提问，马云的回答是："只有电子商务才能改变中国未来的经济。"他坚信进入信息时代以后，中国完全有可能成为世界一流的国家，无论是政治、军事还是文化。阿里巴巴成立的时候，马云就相信中国一定能进入 WTO，而中国的腾飞又是以中小企业的发展为基础的，阿里巴巴用 IT 武装他们，帮助他们腾飞，也帮助自己腾飞。

IDC 互联网高级分析师黄涌涛认为，B2B 网站的上市最终要让中国 4200 万中小企业受惠，中小企业中会产生更多的百万富翁、千万富翁乃至亿万富翁。"让天下没有难做的生意"的使命感，使阿里巴巴受到了众多客户的尊重。因为阿里巴巴这个平台，不仅解决了众多中小企业的问题，也为社会创造了很多就业机会。

马云说："阿里巴巴是要让中小企业真正赚钱，让中小企业有更多的后继者，中国人口众多，而且很多人面临失业的风险，希望电子商务能够帮助更多的人获得就业机会，有助于社会的稳定和发展。”

在马云看来，一个企业家要承担社会责任，并将其贯穿于自己的工作中。使企业承担责任，推进社会发展。这是马云做企业的真实目的，也是他的真正使命。

2000 年前后，中国互联网用户主体的上网行为是收发邮件、浏览新闻、搜索信息等，这一阶段被称为初识网络的“网民”时期；2002 年后，短信、即时通信、交友、网络游戏成为上网者的最爱，形成一个个不同的社区，这一阶段是上网者开心、网络服务商赚钱的“网友”时期。这两个时期，上网者基本上扮演的是网上消费者的角色，互联网企业赢利的主要来源是短信和网络广告，网络还是一个被动的商业工具。2004 年以后，网络变得不再被动。“网商”，这个互联网的新赢利模式正在被深入挖掘，并取得了非常大的成功。

网商，是指运用电子商务工具在互联网上进行商业活动的商人和企业家。据阿里巴巴公司调查显示，在我国数以千万计的中小企业中，已有 1/4 的企业开始尝试运用电子商务工具；在数亿的网民中，已有数以百万的人开始进行网上交易。

从阿里巴巴和淘宝网的实际情况来看。越来越多的商人和企业家已经开始认识到 B2B、B2C 的魅力，而广大的普通民众也在自由、开放的 C2C 网站上流连忘返，网商群体正在迅速扩张、发展。马云投入大笔资金为所有人提供了免费交易平台，还免费提供了信用系统——支付宝服务。所有这些，都为所有有志于从事网络贸易和网络创业的人们开创了一片新天地。

阿里巴巴以方便客户，为客户赢利为目标和作为取舍、衡量公司业务的标准，提供了各项增值服务方便用户，降低企业在交易中的难度。为缩减买卖双方的沟通周期，阿里巴巴推出了贸易沟通软件工具“贸易通”

和“trade manager”，内嵌和集成了多项阿里巴巴的网上功能；据阿里巴巴统计，阿里巴巴的网上会员近50%是通过相互介绍得知阿里巴巴并使用该平台；各行业会员通过阿里巴巴商务平台双方达成合作者占总会员比率近50%。

马云成就了阿里巴巴和淘宝网，也成就了在阿里巴巴和淘宝网活跃着的网商们，以及由此带来的中国互联网的网商时代。

2004年6月12日，由中国电子商务协会和阿里巴巴公司主办的中国首届网商大会在西子湖畔召开，1000多名中国网商云集杭州。此次大会的召开不仅标志着互联网商业日趋成熟，也是中国传统企业运用互联网和电子商务方法展示成果的一次机会。

马云概括举办此次大会的初衷：“只有应用电子商务的企业成功了，电子商务产业的春天才会真正来临。”

马云希望“网商大会”能为网商群体和整个中国互联网事业指明出路，提供广泛交流和相互学习的平台。他告诉大家，B2B模式最终将改变全球几千万商人的生意方式，从而改变全球几十亿人的生活！

正因为有了“让天下没有难做的生意”的使命感，阿里巴巴的执行力得到全面实现，同时也造就了企业今天的辉煌。

执行力金句：

当一个员工情绪激昂，心情愉悦的时候，不用我们督促，他的执行力就会很高，行为很积极主动；反之，当他的情绪不高，心情郁闷的时候，即使他嘴里对我们说“一定好好干”，但其行动一定是不理想的，执行力也不可能有多强。

◆ 执行力来自统一的价值观

企业价值观是企业生存和发展的基本理念，表达企业的基本责任和基本需求，是企业执行力提升的有效保证。企业作为社会单位来说，没有比价值观更为久远、更为重要的事情了。

如果能实现价值观在企业内部的确立，以价值观为主导的企业文化就可以协调企业内部的人际力量，达到企业共识。价值观在经营中的作用，就在于它的鼓舞、导向、共识、协调的作用。在企业基调和执行上实现了内部和谐。如果难以确立一个统一的价值观，那么又如何从价值观的和谐获得集团内部成员间的和谐相处。如果没有价值观的一致，又如何应对全球的战略性竞争。

对于价值观与执行力，在 2002 年 6 月宁波会员见面大会上，马云有过这样的发言：

公司要有一个统一的价值观，我们的员工来自 11 个国家和地区，有着不同的文化，是价值观让我们团结在一起，奋斗到今天。

使命、价值观、目标是任何一个企业、任何一个组织机构一定要有的东西。如果没有这三样东西，你走不长，走不远，长不大。

2003 年，阿里巴巴的大股东孙正义召集他投资的所有公司经营者开会，每人有五分钟时间陈述自己公司的现状，马云是最后一个。马云陈述结束后，孙正义说：“马云，你是唯一一个三年前对我说什么，现在还是对我说什么的人。”当然，这并不是说马云前后说的是同一番话。孙正义口中的马云三年前说的话，就是 1999 年阿里巴巴创建时所确立的目标。当时，马云判断，中国必将加入 WTO，这也意味着中国企业到国外开展业务指日可待。所以，马云创立阿里巴巴的第一个构思就是，通过互联网帮助国外企业进入中国市场，帮助中国企业出口。

马云经过认真考虑，认为推动中国经济高速发展的是中小企业和民营经济，所以，阿里巴巴应该帮助那些真正有需要的企业，这也是马云最早对阿里巴巴的构思。到 2003 年，马云仍坚持这样的构想。正是这份专注和坚持让孙正义决定继续投资阿里巴巴。

阿里巴巴的发展证明，这个构思是马云一直以来所做的唯一一件大事。这也是阿里巴巴能走到今天，并愈加坚定的关键所在。这个构思在经过互联网领域的多年沉浮之后，不仅没有动摇，反而更加坚定。

马云曾说过“经济条件、经济利益、办公条件我们都可以讨价还价，但有一样东西不能讨价还价，那就是企业文化、使命感和价值观。我们的企业是一个使命感驱动的企业，‘让天下没有难做的生意，创办中国人创办的全世界最好的公司，做 102 年的公司’，这些目标从第一天起直到现在，我们不想改变，我们也不会改变。从今天起到未来，我本人以及今后接任我的 CEO，都必须按照这个目标走，这个我不跟大家讨价还价。”

马云是这么说的，也是这么做的，无论面对什么样的境况，坚守企业的价值观、使命感是马云毫不退让的原则。

在 2009 年阿里巴巴十周年庆典上马云说：“我们希望通过阿里人的努力，让全世界所有的企业都在平等、高效的平台上运作。我们期望十年以后，在中国这片土地上，再也看不见民营企业和国有企业之间的区别，我们看到的只是诚信经营的企业；我们不希望看到外资企业和内资企业的分别，我们看到的只是诚信经营的企业；我们不希望看到大企业和小企业的区别，我们看到的只是诚信经营的企业。”

马云曾举例说，爱迪生企业的使命是什么？ Light to world（让全世界亮起来），从企业老板到门卫，大家都知道要将自己的灯泡做亮、做好，结果现在“打遍天下无敌手”。同样，迪士尼公司的使命是 Make the world happy（让世界快乐起来），所以迪士尼的所有东西都是令人开心的，拍的戏都是喜剧，招的人也全是快乐的人。

TOYOTA（丰田汽车公司）的服务让全世界都值得尊重。据说，在芝加哥的一个大雨天，路上一辆丰田汽车的雨刮器突然坏了，司机傻在那里，不知该怎么办。突然从雨中走来一位老人，趴到车上修雨刮器。司机问他是谁，他说他是丰田公司的退休工人，看见他们公司的车坏在这边，他觉得有义务把它修好。这就是强大的使命感和企业文化，它使得每个员工都将公司的事当作自己的事。只有在这样的使命感的驱使下，才会有今天这样成功的爱迪生、迪士尼和丰田。

如果根植在一个企业的核心价值观，随着时间的推移而变成不可动摇的信念，它就成为一种核心竞争力，成为一种最不可模仿、最不可替代的能力。可见，不同的价值观决定着企业和个人如何做事，如何看未来，从而决定了企业未来的发展程度。

惠普公司创始人休利特和帕卡德在 1957 年惠普公司上市之际，确立了公司的核心价值观，其主要内容是“客户第一，重视个人，争取利润”。公司围绕该价值观，制订了许多具体规划和实施办法，最终形成了被业界誉为“惠普之道”的惠普文化。

在惠普公司的发展历程中，惠普的制度经过多次调整和完善，但其核心价值观从未改变过。核心价值观使惠普这个从车库里走出来的公司，发展成了一个享誉全球的大公司。惠普公司的成功源于对惠普核心价值观锲而不舍的坚持。惠普前总裁卡·菲奥莉娜说：“惠普取得持续成功的关键，就是惠普的创造力、惠普的核心价值以及行为准则的精神。”她认为企业发展的关键因素不是技术而是对核心价值观的坚持以及在其思想指导下保持管理制度的传承性。

很多人都会问，一个企业的成功靠什么？简言之——价值观的统一，执行力的到位是支撑阿里巴巴最大的力量。全力以赴，把自豪感和使命感带到实际工作中，才让他们能够战胜挫折，成就了今天的圆满结局。

执行力金句：

马云曾经这样说："企业的今天很残酷，明天更残酷，虽然后天是美好的，但是大多数企业都会在明天晚上死去。"

第二章　目标，指引执行力

一个企业，即使有宏伟博大的目标与构想，充实完美的操作方案，如果不能有效地执行落实，最终也只能是纸上谈兵。企业的一切成效依靠执行来支撑。因此，战略目标是指引执行力实现的保证，决策一旦确定，就必须执行、执行、再执行。

◆ 执行力，助梦想达到新高度

美国ABB公司名誉主席曾说过："一个企业的成功，5%在策略，95%在执行力"。微软总裁比尔·盖茨也说过，未来十年微软公司面临的最大挑战是执行力的挑战。可见，执行力无论对于企业或是个人来说，都是至关重要的。

的确，对于个人来说，没有梦想的生活是苍白的，有了梦想却不付诸行动同样无效。而对于一个企业来说，没有梦想或者有了梦想没有执行力支撑，所有的梦想更会成为空想。

由此可见，执行力在实现梦想的途中，起着多么举足轻重的作用。

马云在2008年4月的"湖畔学院三期"中有个讲话，他说：

不管面临什么挑战，大家都应该共同面对。一个人在沙漠走路是慌的，手拉手能够消除恐惧，当然不能手拉手往回逃。在巷子里面，进去了也就进去了，如果一个人往回逃，那么大家都会往回逃。

平时锻炼身体是十分重要的，好比两个人，一个人平时锻炼身体，另一个人不锻炼，当传染病来的时候，平时不锻炼的人就可能因抵抗力差而生病。平时的锻炼就是价值观的考核，价值观不能等灾难来的时候再去临时抱佛脚。

这家公司最珍惜的是使命感、价值观，我们跟其他公司一样，商业模式都一样，唯一不一样就是我们希望将来成为我们DNA的东西，是价值观。大家不要觉得这个人怎么这样，就是这样，你不爽等下一个CEO。告诉你下一个CEO上来也是这样，下面的人都是这样子，肯定也是这样子，这是我们要的DNA。我们要为我们的梦想而走，否则我们永远不开心。

古希腊哲学家苏格拉底说过："不懂得工作意义的人常视工作为劳役，则其心身亦必多苦痛。"同样的工作内容和方式，融入了团队意识则会给员工带来心态上和精神上的巨大改变，原本单调的工作也会升华为精致的服务。

马云认为，一个缺少文化的企业是一个没有灵魂的企业。可以说，他一直是一个"布道者"，是一个"造梦者"。他的梦想是做中国人办的全世界最好的公司，做世界十大网站之一，做个 102 年的企业！他让阿里巴巴所有员工和他一起，把这个梦想当作信仰，当作阿里巴巴的价值观，并将这一伟大的信仰落实在点点滴滴的行动上。

马云最为人称道的是，他有一个坚定的信念，并为这个信念鞠躬尽瘁。他坚信互联网会影响中国、改变中国，坚信中国可以发展电子商务。相信电子商务要发展，必须先让客户富起来，如果客户不富起来，阿里巴巴就是一个虚幻的东西。

马云带领着阿里巴巴的年轻人们，坚定不移地走着电子商务的道路，尽管电子商务也许三年、四年甚至五年都挣不到钱，但马云相信八年、十年后一定能够挣到钱。所以，阿里巴巴坚持把钱投入电子商务中。到今天为止，马云仍觉得自己当时的战略举措是对的，在诱惑面前、在压力面前阿里巴巴都没有改变。这不能不说是一种信仰。

当然，只有梦想是不够的。"黄粱美梦"谁都会做，但如果不付诸行动，往往就会沦为笑谈。

新东方集团的俞敏洪在 2008 年北大新生开学典礼的演讲中提过，当年在新东方有一定规模的时候，他去美国找他当年班里的同学回来和他一起把新东方做大，他带着大把的钞票去，想证明给他的那些同学，在中国也可以赚很多钱。后来，他的那些同学回来和他一起干，但不是因为那些钞票，而是因为他的同学们感觉到，俞敏洪是一个值得共事的人。

现在，新东方受到越来越多人的青睐，很重要一个原因就是俞敏洪以及其他新东方老师所代表的新东方文化，得到了大家的认可。从专业的英语学习方法到广泛的做人道理，这些东西构成了新东方文化的重要内容。

一些企业喜欢提口号。有口号不一定是坏事，但是很多企业口号连篇，实际做法与口号中所提倡的内容完全不是一回事，这就无法笼络人心。口号可以起引导作用，但是如果与实际做法完全背离，就起不到凝聚人心、提高竞争力的作用。

GE 的文化建设很成功。它的秘诀就是让公司的员工有共同的愿景，并在这个基础上把企业办成一个文化组织。在这个过程中，GE 非常有效地运用东方文化，把“六西格玛”管理技术上升为企业文化，把追求完美、追求超越视为企业的灵魂。这样的愿景给企业文化注入了强大的生命力，对 GE 品牌的建设起到了不可低估的作用。

作为世界上四大文明古国之一，中国文化是东方文化的重要组成部分。西方企业尚可以从东方的文化中找到其企业文化的内涵，中国本土的企业更加无须迷茫。

执行力金句：

一个组织要想井然有序地生存下去，必然少不了严格且完善的管理制度，而严格遵守管理制度就是员工执行力的表现之一。

◆ 战略明确是执行力的根本保证

国外有研究表明，企业95%以上的精力用于实施既定战略并实现价值，而用于研究与制订战略的精力仅为3%。可见一个公司的绝大部分精力是集中在为实现价值而进行的“企业运营”上。

进一步的研究表明，70%的企业失败源于战略执行不力，仅有10%的成功战略被有效执行。加里·尼尔森（GaryL Neilson，管理咨询机构Booz & Co的高级副总裁）等人所做的涉及50多个国家的1000多家公司、政府机构和非营利性组织的调研结果表明，60%的公司的员工认为自己组织的执行力薄弱，大多数人在被问及是否同意“公司能将重要的战略和运营决策迅速转化为行动”时，回答都是否定的。

可见，一个企业战略执行力是企业的关键短板，对于中国企业而言，更是如此。阿里巴巴深谙此道。

马云在“赢在中国”中就讲：我问在座的企业，你们企业所有的员工是不是有共同的目标？我在今年春节的时候，90%的杭州企业没有一个告诉我们企业有一个共同的目标，公司所有的员工是不是跟你一样。

做战略最忌讳的是面面俱到，一定要记住重点突破，所有资源在一点突破，才有可能赢，而面面俱到可能什么都赢不到。讲话也好，做队长也好，要明白我的出发点在哪里，进攻点在哪里，这才是真正的战略要素。

2002年6月，他在宁波会员见面大会上又提到：“在1999年，我们提出阿里巴巴的目标是：‘要做80年的企业，要成为世界十大网站之一，只要是商人一定要用阿里巴巴。’这是我们的日标，全公司所有的员工，如果你不认同这个目标请你离开，如果你认为不可能实现，你也离开。”

在2001年网络泡沫破灭之前，马云就宣布全球大裁员，启动了后来被马云叫作“回到中国”的战略收缩。那真是非常时期，阿里巴巴成立了两年，也亏损了两年。这个公司会不会无疾而终，成了员工们的心病；如何重振士气，避免优秀人才的流失，这些都需要马云在以后的管理中做出回答。

2001年1月，在GE工作了16年的关明生加入阿里巴巴，就任COO（首席运营官）。在关明生的协助下，马云带领阿里巴巴做了三件事：“延安整风运动”“抗日军政大学”“南泥湾开荒”。因为他们知道越是冬天，越要“深挖洞、广积粮”。

马云在学习“延安整风运动”的时候，认识到了“用价值观来统一思想，通过统一思想来影响每一个人的行为，最后形成合力”的重要性。他说，互联网业务是需要所有人齐心协力打出来的，没有人可以在互联网公司按部就班，互联网公司需要跨部门配合，要靠团队力量。在马云看来，团队的力量几乎决定了一切。

通过“整风运动”，马云消除了员工们“红旗究竟还能扛多久”的困惑。阿里巴巴统一了公司的方向、管理层的思想，并确定公司的团队、产品和经营模式。马云指出，阿里巴巴有三大目标：做80年持续发展的企业、成为世界十大网站、只要是商人都要用阿里巴巴。要想在阿里巴巴做事，每天的工作就要围绕这三大目标进行。

在马云的倡导下，阿里巴巴还投资上百万元成立了“军政大学”，从员工队伍中找出那些符合要求的管理人才，请专家进行培训。通过最先进的价值观和使命感的支持，不断培养出能打硬仗的“正规军”。

企业的价值观是不能谈判的，必须围绕这个目标来进行。阿里巴巴的人力资源总监邓康明说，这样一种价值观教育的结果使得阿里巴巴的职业经理人能做到为了公司利益而不计较个人得失。在阿里巴巴只要两个月就能完成的机构大调整，在跨国公司可能要经历3 ~ 6个月的痛苦过程，这正是阿里巴巴简单透明的企业文化起了重要的作用。

做企业和做人一样，一定要有信仰。马云认为，其中的“仰”就是对明天和一切不可知的东西的敬畏。例如，世界杯上，德国战车一路杀进半决赛势如破竹，赛前也是信心满满，本来以为稳赢，结果还是输。这就说明，对不可知的东西要充满敬畏。所以对于创业的我们来说，始终要感恩昨天、敬畏明天、创造今天。

马云非常重视建立在企业信仰之上的企业文化。针对近日小型企业关注的“小企业老板管人太难”的声音，马云说，小厂子也要讲企业文化。

阿里巴巴的文化不是靠标语贴出来的。“不是管理者强行灌输给大家，而是员工的自我激励”，在马云看来，员工自我激励源于企业文化，而企业的激励文化是从最初就开始建立起来的。“不能等企业发展壮大以后才开始讲文化、讲制度”，他告诫小企业经营者，第一天当老板，要培养的就是一种文化，才有可能把企业做“大”，“大”了以后，文化才有作用。

如何在企业“小时候”就逐步培养企业文化，马云提出的建议是重视自己的员工。他提示小企业经营者，“我们永远要明白这个道理，老板的客户有两个，第一个客户是外部客户，第二个客户就是员工”。马云认为，企业的价值和产品是员工创造出来的。老板需要做的是：为员工创造独特的价值观，让员工感受到“我不是你的机器，我是一个活生生的人”。

马云表示，小企业老板也要多倾听员工的想法；使员工的基本生活得到保障；让员工工作得到荣耀和成就感。马云指出，对员工的物质激励，只能满足员工，不能让他有幸福感。“幸福感是让他们有信仰，让他们相信公司对社会和客户是有贡献的，而自己对公司是有贡献的——这样的员工容易管理”，这样的企业文化也就形成了。

执行力金句：

根据中国工商总局调查结果显示：中国80%的企业在成立第二年年检的时候就已经消失了。企业在如此短的时间内就纷纷倒闭的一个重要原因在于：企业没有一个拥有强大执行力的团队。

◆ 达成目标重在沟通

有关研究显示：管理中70%的错误是由于不善于沟通造成的。管理离不开沟通，沟通渗透于管理的各个方面。

通用电气公司伊梅尔特在谈怎样支配自己的有效工作时间时说：我差不多有30%到40%的时间跟人打交道，进行交流、沟通，这是CEO非常重要的一个工作。而松下幸之助也有句名言：企业管理过去是沟通，现在是沟通，未来还是沟通。管理者的真正工作就是沟通。不管到了什么时候，企业管理都离不开沟通。

马云说："团队内部要有一个好的沟通氛围，这样的团队才是有战斗力和执行力的。"在阿里巴巴创业初期，各位创业元老经常争论，有时候争论过了头，个人情绪化的问题都爆发了出来。为了避免因为这些争论影响团队的合作，阿里巴巴制订了一个原则——简易。要求非常简单，我对你有意见，我就应该找到你，要么谈两个小时，要么打一场，要么闹一场，我们俩把问题解决掉。如果你对我有意见，你不来找我，而去找第三方的话，你就该退出这个团队。

随着阿里巴巴的不断发展，面对面的直接交流已不可能。为了保持整个团队的无障碍沟通，阿里巴巴充分利用了互联网的便利。马云在一次演讲中说道："我们反对在内网实行匿名制。我们倡导的是 open（开放）的文化，匿名制只会使人与人之间互相怀疑、猜测，他可以很不负责任地说一些很不负责任的话，或者他说的话是负责任的，但他又不愿意说他是谁或别人是谁，而使公司的员工都会在猜测。阿里巴巴是所有员工的，我们没有什么话不可以说。现在我们开设了一个 open@alibaba-inc.com 的信箱，大家可以给这个信箱写信。我们很欢迎大家来信，并且保证一定有答复。"

因为有健康的沟通文化，阿里巴巴没有小的利益集团，更没有利益集团的相互斗争，人们相处轻松愉悦，促进了整个团队的健康发展。

在阿里巴巴集团 2007 年年会上马云又说：公司的很多同事和干部离客户远了，离铺张浪费近了，公司也出现了官僚主义，出现了办公室政治，这些确实让我很伤心。但是我又觉得因为刚刚出现不良的苗头，很多问题能够解决得了。

我不知道在座的各位花多少时间倾听客户。这一年我收到客户的信不少，这些信让我反思，是不是公司大了，我们确实应该离客户远一点，是不是应该松懈。我们公司还不大，我们公司才 5000 人，我们会到 10 万人、15 万人……我也看到我们的干部离员工远了，很多员工不敢跟干部交流。我今天早上刚刚跟 M 级别以上的干部交流，我说我越来越寂寞。在 1999 年、2000 年、2001 年创业的过程中到了周末和节假日，会收到很多短信，很多同事会打电话问声好，周末的时间也能和大家下下棋、打打牌。

当然有人说，第一因为你忙了，我不想打扰你；第二因为我们也很忙，难得有个周末。我完全理解，但是从背后和深层次来看，我们之间的感情在稀释。阿里巴巴是一个大家庭，我们希望在工作中 Professional（专业），在平时我们是朋友。

企业执行力，不只是简单的如何执行的问题，也不仅仅是能够完成和不能完成的问题，它是完善顺畅的沟通流程的问题。

我们知道，在庞大的组织中，建立四通八达、自由交流的信息沟通渠道和方式，可以改变文山会海、拖拉作风、官僚主义等恶习，提高组织工作效率。

在一个群体中，要使每一个成员能够在共同的目标下，协调一致地努力工作，就绝对离不开沟通。沟通，是人类活动和管理行为中最重要的职责之一。因此，企业管理者应该特别注重培养企业的沟通文化。

杰克·韦尔奇被誉为“20世纪最伟大的企业领导人”之一。在他上任之初，GE内部等级制度森严，机构臃肿。韦尔奇通过大刀阔斧的改革，在公司内部引入非正式沟通的管理理念，对此，韦尔奇说：“管理，就是沟通、沟通、再沟通。”

GE最成功的地方是，杰克·韦尔奇在公司内部建立起来的非正式沟通的企业文化。通过这种非正式沟通，韦尔奇不失时机地让人感到他的存在。而且，使公司变得“非正式”意味着打破发布命令的链条，促进不同层次之间的交流，改革付酬的方法，让雇员们觉得他们是在为一个几乎与人人都相知甚深的老板工作，而不是一个庞大的公司。

韦尔奇比他人更知晓“意外”两字的价值。每个星期，他都会出其不意地造访某些工厂和办公室；临时安排与下属经理人员共进午餐；工作人员还会从传真机上找到韦尔奇手书的便笺……所有这些的用意都在于领导、引导和影响一个机构庞大、运行复杂的公司。韦尔奇最擅长的非正式沟通方式就是提起笔来写便笺，目的就是为了鼓励、激发和要求行动。韦尔奇通过便笺表明他对员工的关怀，使员工感到他们之间已从单纯的上级与下属的关系升华为人与人之间的关系。

GE的一位经理曾这样生动地描述韦尔奇：“他会追着你满屋子团团转，不断地和你争论，反对你的想法。你必须不断地反击，直到说服他同意你的思路为止。这时，你可以确信这件事你一定能成功。”这就是沟通的价值。

韦尔奇曾说：“我们希望人们勇于表达反对的意见，呈现出所有的事实面，并尊重不同的观点。这是我们化解矛盾的方法。”“良好的沟通就是让每个人对事实都有相同的意见，进而能够为他们的组织制订计划。真实的沟通是一种态度与环境，它是所有过程中最具互动性的，其目的在于创造一致性。”沟通就是为了达成共识，而实现沟通的前提就是让所有人一起面对现实。

企业是有生命的机体，而沟通则是机体内的血管，通过流动来给组织系统提供养分，实现机体的良性循环。如果缺乏沟通，或沟通不畅，将会给企业造成巨大损失。善于沟通的企业管理者都很清楚，沟通创造透明，而培养团队内部的沟通文化会让企业的管理更加高效。

综上所述，企业执行力的高低直接反映了企业系统管理能力的高低。加强企业管理，就是加强企业各项管理系统能力建设，焕发出企业整体优势。如果企业各层级人员都能挖好责任区内管道，协作配合使公司各管理系统管道相互沟通衔接，方向一致，企业执行力之水一定将越流越畅，越流越多，实现有力有速有效持久。

执行力金句：

拥有强大执行力的员工往往具有远大的理想、强大的自信心和源源不断的奋斗动力。这类员工往往清晰地知道自己有哪些优势，哪些不足，进而采取最适合的方法提高自己的能力，实现更好的发展。

◆ 重视目标的执行

中国经济三十年来的快速发展，给企业创造了良好的外部环境与发展机遇，甚至有的企业家认为中国企业不需要战略，只要有良好的执行力就行。只要企业能够思想统一、行动一致，以中国经济的活力与中国企业的勤奋，企业的发展是可以预期的。

那么，该如何有效提升战略执行力呢？关键因素有三：一是要将战略说清楚，二是要将战略落实为每层组织、每个员工的行动，三是对战略进行检验与纠偏。

还是在2002年6月的宁波会员见面大会，马云就有过这样的演讲：

宋朝的梁山好汉一百〇八将，如果他们没有价值观，在梁山上打起来还真麻烦。他们有一个共同的价值观就是江湖义气，无论发生什么事都是患难兄弟。这样的价值观让他们团结在一起。一百〇八将的使命就是替天行道，但是，他们没有一个共同的目标，导致后来宋江认为应该投降，李逵认为我们打打杀杀挺好的，还有些人认为衙门不抓我们就很好了，结果到最后整个队伍崩溃。所以，一定要重视目标、使命和价值观。

没错，企业家最成功的地方在于他们能在企业使命上充分发挥领导力，而不是简单地带领员工去实现目标和利润。马云说，不要让同事为自己干活，而要让同事为企业的目标和理想干活。共同努力，团结在一个共同的目标下，要比团结在一个企业家下容易得多。企业家首先要说服大家认同共同的使命，而不是让大家为他干活。拥有了统一的目标和使命，企业全体员工就会朝着同一个方向前进。使自己的潜能得到不断的发挥。

马云说，当自己手下有一个傻瓜时，自己会很痛苦；有50个傻瓜是最幸福的，吃饭、睡觉、上厕所排着队去。当自己手下有一个聪明人时很带劲；当自己手下有50个聪明人实际是最痛苦的，谁都不服谁。马云认为自己在公司里的作用就像水泥，把许多优秀的人才黏合起来，使他们有劲儿就往一处使，这就是他的工作。

在企业里，只有加强员工对企业目标的认同感。才能激发他们的工作热情。因此，需要确定一个明确的、具有可操作性的目标。马云说，企业目标必须明确、清晰，使公司上下都知道这个目标。当人们行动有了明确的方向，而且不断地与目标加以对照，人们的行为动机就会得到维持和加强，同时也会自觉地克服一切困难，努力朝目标迈进。

因此，2004 年，阿里巴巴重新确定公司目标：第一个是做 102 年的公司（将 80 年改为 102 年）；第二个是做世界十大网站之一；第三个是"只要是商人，一定要用阿里巴巴"。

没有明确的目标或是目标不专一的企业，再勤劳也是徒劳。就像一艘船，如果有目标、有方向，就算是中途遇到风浪，风浪停息后，还是可以调整好方向，向着目的地驶进。

壳牌石油公司的创立源于马库斯·塞缪尔的敏锐。他在 10 岁时就与父亲一起闯荡，把贝壳卖给箱包制造厂，用作装饰，然后运到伦敦销售。

在多次的航程中，塞缪尔经常看到美国石油巨头洛克菲勒家族的油轮，这个无名小卒竟然从这些冒着浓烟的油轮上看到了自己的前途，敏锐的直觉告诉他：石油真是个不错的生意！从此以后，他放弃了一辈子卖贝壳的念头。

当他扩大了贝壳生意，赚取到足够的资金后，立即进入能源业。但是塞缪尔没有足够的资金经营石油，就开始把煤炭运到日本销售，完成了资本的原始积累。

随后，他组建了自己的石油公司，由于是从贝壳生意起家，石油公司的名字就叫壳牌石油公司。这个公司至今都坚持着塞缪尔的伟大信念："瞄准目标吧，没有不可能发生的奇迹！"

建立目标管理制度的一个关键点，是要让企业的高层管理者们对整个企业进行一次深刻的考察，目的是了解本企业的目标、人力资源情况、优劣势以及可用资源的状况等。通过对企业的经营实况做一番衡量，可以决定应从何处着手及如何着手建立目标管理制度，才能取得最大的效果。

通常应考虑以下的问题：

第一，目标管理制度能否成为一项正式的制度，倘若要成为正式的制度，那么应该“正式”到什么程度。

第二，是否全部管理层都应参与。

第三，制度的推行，是仅以企业的某一部门为限，还是应在整个企业全面推行。

第四，推行目标管理制度，是否与绩效奖金制度相结合。

第五，推行此项制度时，应与企业内部的管理信息系统及其他有关制度建立怎样的关系。

第六，推行目标管理制度之前，是否先有一段试行期间。

第七，是否应该先从企业内某一部门或某一管理层开始，然后根据推行的经验决定是否扩大。

综上所述，对于任何一个企业而言，只有当企业内绝大部分员工的个人价值观趋同时，整个企业的价值观才可能形成。与个人价值观主导人的行为一样，企业所信奉与推崇的价值观，是企业的日常经营与管理行为的内在依据。

因此，培养忠于企业的员工，首先要培养他价值观认同，他认同这个组织的价值观，深刻理解这个组织的价值观，理解这个企业的使命，理解这个企业的宗旨、愿景，确保企业执行力最大化。

执行力金句：

执行力对公司的发展至关重要，但是如何保证员工执行力这个问题，不管对于国有企业还是民营企业都是比较突出，特别是企业发展到一定规模后，执行力会遇到更大挑战。

第三章　探索，寻找执行力

阿里巴巴具有很强的执行力，因此，他们对商业模式的探索可谓不遗余力，这实际上体现的正是执行力在实际工作中的具体体现，是阿里飞速发展的重要保障。

◆ 执行力发挥要有个好模式

商业模式是企业的立命之本，对企业非常重要。任何一个企业和商业项目在创立之初，最需要费工夫琢磨和研究的就是商业模式。

麦当劳是全球的大型连锁快餐集团，在世界上大约拥有三万间分店，主要售卖汉堡包、薯条、炸鸡、汽水。它没有很多产品，也没有很多促销活动，但是它却打败了全世界的竞争者，依靠的是强大的品牌赢利模式！

当 Dell 还在大学读书的时候，IBM 已经是蓝色巨人了，但是现在 DELL 电脑连续 11 年领跑全世界，它既没有突出的硬件技术，也没有庞大的研发能力。凭什么不断发展而且持续赢利？依靠的就是独特的全价值管理赢利模式！

一个企业如何实现持续赢利？这是企业经济活动中的一个永恒主题。企业管理者想要在激烈的市场竞争中顽强地存活下来，就必须考虑如何维系长期生存与赢利的能力。

企业管理者都非常重视赢利。“做大还是做强”“得终端者得天下”“让执行没有任何借口”“拥有一个知名品牌才是核心竞争力”这些是很多企业经营者的关心点和挂在嘴边的口号，但在现实的市场中，到处充斥着价格战、促销战、人海战、广告战、模仿战等，而企业的经营结局往往是销量增加利润下降、新产品赢利周期越来越短、人员增加、费用加大、现金流越绷越紧、亏损面不断加大。面对这种状况，一家企业如果没有自己独特的商业模式，就不可能在市场上站稳脚跟。

选择正确的商业模式，对企业的发展来说至关重要。但是，并非任何商业模式都会对企业的发展具有促进作用，今天有用的模式明天不一定继续有用，所以企业管理者在为企业定位商业模式时，要秉持不断创新的原则。

正如马云所说："今天阿里巴巴的模式不是我们未来的模式，不跟别人探讨模式，并不意味着我们没有模式，等我们跟你探讨模式的时候，我们这个模式就已经成为昨天的事情。"

在这里，马云倡导的就是商业模式的创新性。正是阿里巴巴商业模式的不断推陈出新，才造就了阿里巴巴的不断成功。

企业商业模式的设计就是围绕着企业核心竞争能力展开的。具有独特的、拥有核心竞争力的商业模式肯定是一个能使客户实现价值、使企业赢利的商业模式，也一定是能使企业走向成功的商业模式。

还是在"赢在中国"上，马云点评：

看得清的模式不一定是最好的模式，看不出你怎么赚钱的模式说不定最好。因为我看见了这个东西，我太想做一样的东西。

很多年轻人是晚上想想千条路，早上起来走原路。中国人的创业，关键不是在于出色的想法、理想、梦想，而是在于是否愿意为此付出一切代价，全力以赴去做它，证明它是对的。

我认为好的东西往往是说不清楚的，成功的模式很难被复制，背后的汗水，背后的艰辛，背后的委屈，不断寻找这条路的精神是永远无法被复制的。一旦形成模式，这家企业基本上也就看到头了。

其实，最成功的往往是最简单的，要把简单的东西做好也不容易。阿里巴巴要像阿甘一样简单。

1999 年，网易总裁丁磊将网易的大本营转移到北京，并忙着上市。2000 年 6 月 30 日，丁磊如愿以偿，网易登陆纳斯达克。但此时的资本市场形势已经发生了变化，与中华网登陆纳斯达克时的火爆情景截然不同的是，网易股票上市当天就跌破了发行价。

当时，很多人都在喊互联网冬天即将来临，很多人认为互联网泡沫已到了濒临全线崩盘的前夜，就连曾经疯狂向互联网公司投钱的投资者们也开始不相信单纯地炒作概念会给他们的钱包里带进真金白银。纳斯达克的股价在网易上市之前就已经开始全线下跌，网易上市赶在了一个不好的时机。网易在上市之后，为了支持门户的内容建设，公司不但没有赚钱，反而总是在亏钱。

当时门户网站的收入主要是依靠网络广告，但单一的广告收入难以支撑庞大的门户支出。从 2000 年 7 月开始，随着全球互联网泡沫的破灭，纳斯达克指数从高峰时的 5000 点跌到了 1500 点，网易跌入冰冷的谷底，丁磊只能依靠开源节流来维持现金流。在形势变得明朗之前，他要做的最正确的事情是让公司活下来。

就在这急剧的行业调整变化中，富有远见的丁磊逐渐发现了短信业务。"一毛钱一条短信，成本只要 5 分 5 厘，网易有用户、有邮箱、有免费个人主页，如果我们每个月从一个用户身上赚一块钱的话。我们公司就能盈亏持平。"丁磊回忆说。在短信业务的推动下，网易找到了除广告之外的第二条资金流入渠道。但是，单单凭借短信和网络广告，还不足以使丁磊高枕无忧。2000 年，网易已经开始关注网络游戏，丁磊认为能够带给人精神享受的网游有潜力无穷的市场，于是在外界的一片质疑声中，他抽调了公司最优秀的一批员工加入到开发网络游戏的团队中去，并制订了网游发展计划。2001 年 12 月，网易推出自主开发的大型网络角色扮演游戏《大话西游 Online》。2002 年 8 月，《大话西游 OnlineII》正式收费启动，网易游戏的用户逐步增加，从最初的 3000 人到了最高规模时的 55 万人。

网游使网易发生了根本性的变化，在别的网站仍旧勉强维持之时，网易已经实现了赢利。作为第一家赢利的门户网站，网易的股票价格最高值接近70美元。随着股票在2002年的良好市场表现，网易的赢利水平逐年增高，丁磊也成为福布斯2003年的中国首富。

别人都看好的东西不一定是好东西，而别人都不看好的东西也不一定是坏东西。成功的企业总是在别人不知不觉中或者质疑中崛起的。一个企业家在想到一个好的模式的时候，不被人理解也是一件好事。只要值得，即使遭遇了挫折，也要继续坚持。

执行力金句：

要提高个人的执行能力，必须解决好“想执行”和“会执行”的问题，把执行变为自动自发地行动。有了自动自发的思想就可以帮助你扫平工作中的一切挫折。

◆ 只抓鱼虾不捕鲸鱼

从商业模式来看，马云追求做小生意，不去捕鲸鱼而只抓鱼虾，面向的是占企业总数85%的中小企业，后来又延伸到淘宝中的个体，最后是做全球贸易的生态链和产业。

1999年2月，马云受邀参加在新加坡举行的亚洲电子商务大会。参加大会的人80%是欧美人，谈的也是欧美式的电子商务。马云听完后忍不住站了起来：“亚洲电子商务步入了一个误区。亚洲是亚洲，美国是美国，现在的电子商务全是美国模式，亚洲应该有自己独特的模式。”

亚洲自己独特的模式是什么？马云没有说，这是他要做的事。和大部分互联网精英不同，马云从小就没有生活在顶尖的那部分人当中，而是活在普通人当中。所以他决定和目前所有的电子商务不同，他不做那

15%大企业的生意，只做85%中小企业的生意，用马云的话说就是“只抓虾米”。很简单，大企业有自己专门的信息渠道，有巨额广告费，小企业什么都没有，他们才是最需要互联网的人。

“如果把企业也分成富人和穷人，那么互联网就是穷人的世界。”马云说。另外，马云还考虑到，因为亚洲是最大的出口基地，阿里巴巴就要以出口为目标。帮助全国中小企业出口是阿里巴巴的发展方向，他相信中小企业的电子商务更有希望、更好做。

电子商务要为中国中小企业服务，这是阿里巴巴最早的想法。马云把大企业比作鲸鱼，将小企业比作虾米，他注重虾米的世界。

但是，在马云的眼里，小虾米并不小，小虾米集中起来可以形成很强大的力量，实际上，很多大企业都是由很多中小企业支撑起来的。比如波音飞机，造一架波音飞机需要几十万个中小企业给它提供零部件，如果离开了这几十万个中小企业，波音飞机将难以维系。

2007年8月，马云在湖畔学院的讲话，十分耐人寻味：

互联网是一个完整的生态系统，绝对不可能让几个超级大网站独霸天下。正如海洋里不可能只有几条鲸鱼、鲨鱼，而没有大量的虾米。没有食物，鲨鱼、鲸鱼都会死掉的。阿里巴巴必须要有生态链，我们必须为自己生存的环境而发展。无数的中小网站、博客、论坛，这些小虾米不活下来的话，我们这样的鲨鱼型企业也会死掉的。只有维持好这个生态系统，你的企业才会做得更强大。因此，阿里巴巴要感谢中小型网站，没有中小型网站，就没有淘宝，至于赚不赚钱，我们for get it（不必在意）。

今天，阿里巴巴有能力围绕着战略做一些事情，战略永远是重要而不紧急的事情，但生态环境的建设和维护是很重要也很紧急的。

在一次名人访谈节目中，博鳌亚洲论坛秘书长龙永图问了马云一个问题：“你（阿里巴巴）现在的供应商当中有多少是中小企业？”

马云回答：“我们阿里巴巴现在整个的企业电子商务有 1800 万家企业支持会员，几乎全是中小企业。当然沃尔玛也好，家乐福也好，海尔也好，甚至是 GE，都在我们这儿采购，但是我对这些企业一点兴趣都没有。”

龙永图显然有些吃惊，他笑着说：“难怪人家说你是狂人，口出狂言。”在场的人显然都不太相信马云的话，怎么可能有对大客户不感兴趣的企业呢？

马云不慌不忙地解释道：“我只对中小型企业感兴趣，顺便淘进来几个大企业，而这些大企业并不是我要的。我坚信一个道理，有的人喜欢在海里抓鲨鱼、抓鲸鱼，我就抓虾米。我相信是虾米驱动鲨鱼，大企业也是被中小型企业所驱动。正如企业在工业时代是凭规模、资本来取胜，而信息时代一定是靠灵活快速的反应来取胜。我唯一希望的就是用 IT、互联网、电子商务去武装中小型企业，使它们迅速强大起来。”

马云之所以盯紧“小虾米”，眼里只有“小虾米”，其实是源自他对中国中小企业的了解以及阿里巴巴自身的成长经验。

2003 年冬天，马云到沈阳做市场调研，并拜访了两个客户。其中一个客户见了马云就拉着他的手说：“我真想把你供起来。”马云奇怪地说：“为什么？”原来，那位客户的生意多亏了阿里巴巴。他 60 个客户中，有 58 个是从阿里巴巴来的。

马云自小生活在中小企业发达的浙江，从最底层的市场一路摸爬滚打过来，深知中小企业的困境——被大企业压榨、控制。例如，市场上一支钢笔的订购价是 15 美元，沃尔玛开出 8 美元，但是 1000 万美元的订单，供应商不得不做，如果第二年沃尔玛取消订单，这个供应商就完了。而通过互联网，类似的小供应商就可以在全球范围内寻找客户。

马云要做的事就是提供这样一个平台，将全球中小企业的进出口信息汇集起来。小企业好比沙滩上一颗颗石子，通过互联网可以把一颗颗石子粘起来，粘起来的石子们威力无穷，可以与大石头抗衡。互联网经济的特色正是以小搏大、以快打慢，马云要做的就是成为数不清的中小企业的解救者。

执行力金句：

马云说过：人与人之间的差别在思维、心态。强者的思维、心态是“行有不得，反求诸己”，普通人的思维是为错误、失败找原因。观念转、天地宽，观念的力量是无穷的。所以要提高个人执行力就要加强学习，更新观念，变被动为主动。

◆ 宁为鸡头、不做凤尾

在互联网时代，第三方电子商务平台快速崛起，给千万名草根创业者、小人物提供了走向成功的机会和舞台。在创业过程中，他们迸发出了强大的创新能力，体现了“小即是美”的未来方向。

“小而美是未来电子商务的方向，今年的评选让人们看到了草根的创造力。网商已经从10年前的一个概念变成今天的一个职业，入围年度十佳的网商都是未来的企业家。”作为2012年网商评选终审评委，马云如是说。

为什么说小而美是未来电子商务的方向？北京大学与阿里巴巴集团研究中心联合发布了首份网络卖家图谱《谁在开网店》。报告显示，大量兼职卖家涌入网售大军，占整体网店的近70%，白领、在校学生、待业青年、家庭主妇、农民，甚至退休老人都成了网店店主，农产品、手工艺品、地方特产等被纷纷搬上了网。

网商中居住在城镇的超过 90%；男性比例略高，为 54.2%；1981—1994 年出生的人超过 80%；他们往往价值观中庸，关注现世的家庭和睦，不愿意为了赚钱而冒险。此外，店家规模小、开店时间短、在线时间长、总投入少、商品雷同、供应商固定、宅、有信心是目前绝大多数电商的特征。

在马云看来，小批量生产、小规模经营、个性化服务是电商的重要趋势。小型网商，自有其创造力、生命力、发展力、影响力，小的也是美好的。他在 2012 年 9 月第九届网商大会上演讲时说：

几年前我去过一趟日本，见到一个很小的店，门口挂了一个牌，上面写着："本店成立 147 年"。我很好奇，跑进去一看，这是一个卖糕点的小店，老太太讲"我们这店开了 147 年了，就是两夫妻、一个孩子。"她边说脸上还洋溢着特别幸福的笑容。我相信假设是企业，做得好比做得大更为幸福。

中国文化里面讲，"宁为鸡头、不做凤尾"，在中国的文化、东方的文化中，做小企业更有味道。未来的企业，小就是美，小意味着更加灵活。

所以，为了小而美，阿里决定，将全面推出双百万战略。即全力培养 100 万家年营业额过 100 万元的网商。

有人说："我想做 10 亿元。"很好，我们支持你，为你鼓掌，但是我们的重头戏是帮助 100 万家网商，因为我们相信一个年营业额 100 万元的小店，有可能会请 2 ～ 3 个人，那么就等于我们又多解决了 2 ～ 3 个人的就业问题。

我觉得企业做得太大是不正常的。所以，小而美的企业是最有味道的、最好的，只要你能持久，你便幸福，你就会有不断地创新。

阿里巴巴如此，其他企业呢？

巨人集团总裁史玉柱曾创造了“一年百万富翁，两年千万富翁，三年亿万富翁”的神话，那时的他甚至被人称作中国的比尔·盖茨。1991年，巨人公司成立，推出 M6402，实现利润 3500 万元。

1992 年，史玉柱率 100 多名员工，落户珠海。当时的巨人已经是非常大的企业，年销售额上亿元。

这样的软件公司在全国都是少有的，因此珠海政府对巨人非常重视，给予了很多照顾：高科技企业税全免，破例审批出国……巨人一下子发展了起来，资产规模很快接近 3 亿元。手里有钱。精力也多，史玉柱开始不满足于只做巨人汉卡，他开始做巨人电脑。巨人电脑虽然挣钱，但管理不到位，坏账一两千万元。

巨人电脑还没做扎实，史玉柱又看上了财务软件、酒店管理系统。史玉柱去美国考察，问投资银行，未来哪些行业发展速度最快？投资银行说是 IT 和生物工程。史玉柱回国后立即上马了生物工程项目。同时，巨人集团还涉足服装和化妆品行业，摊子一下铺到了六七个事业部。

1993 年，史玉柱成为珠海第二批受到重奖的知识分子，轰动全国。因为当时的人才外流严重，为了树立“中国大学生本土创业”的典型，政府先后批给巨人四万多平方米的地，希望史玉柱为珠海争光，将巨人大厦建成中国第一高楼。当时全国已经兴起了房地产热，只要是房子就能卖掉，甚至连“楼花”（即预售房）都能卖掉。史玉柱也开始有些飘飘然了，巨人大厦从最初预定的 38 层迅速加高至 72 层，所需资金 12 亿元，但史玉柱能腾出的现金只有 1 亿元。

令人意外的是，面对如此巨大的资金缺口，巨人大厦从 1994 年破土动工到 1996 年搁置，从未申请过一分钱的银行贷款。史玉柱将赌注压在了卖“楼花”上。1993 年，珠海西区别墅在香港卖出十多亿“楼花”。可等到1994年史玉柱卖“楼花”的时候，中国宏观调控已经开始，对卖“楼花”的限制越来越严格，任史玉柱使出浑身解数来宣传，也只卖掉了1亿多“楼花”。

1996年，巨人大厦资金告急，史玉柱被迫将保健品方面的全部资金调往巨人大厦，保健品业务因资金“抽血”过量、管理不善等原因，迅速由盛转衰，巨人集团危机四伏。1997年初，巨人大厦未按期完工，购“楼花”者天天上门要求退款。

头脑发热、盲目做大是巨人集团走向衰败的重要原因。史玉柱后来总结教训时说：“心情浮躁、好大喜功、好高骛远，这些词用到那时候的我身上，一点儿也不过分。那时候巨人的企业文化是不对的，动不动就提口号，‘我要做中国第一大。’原来是用来激励员工的口号，后来竟把自己也给骗了。现在的我再也不敢定这种目标了，我要做的就是，把任何小的地方都做到最好。现在我面对的最大挑战就是，抵制住进军其他行业的诱惑。我压制不住自己的时候，就写好投资报告，等着自己的团队将它毙掉。”

执行力金句：

马云常说：“未来的文盲不是不识字的人，而是没有学会怎样学习的人。”在现代人才体系的三大能力（学习能力、思维能力、创新能力）中，善于学习是最基本、最重要的第一能力。没有善于学习的能力，其他能力也就不可能存在，因此也就很难去具体执行，更何谈执行力呢？

第四章　信念，铸就执行力

在阿里巴巴看来，信念十分重要，一个没有信念的人，就像一只断了线的风筝；一家没有信念的企业，就像一艘迷失了方向的船。企业只有坚定信念、勇往直前，才能找到方向，迎来胜利。

◆ 行动不等于冲动

在《赢在中国》第一赛季晋级篇的第三场，选手李红梅的参赛项目是医疗档案管理软件及相关数据业务服务。马云觉得她的项目很难，诚恳地建议她最好不要创业。为此，他们有过这样的对话：

马云：你的产品是针对北美市场的？

李红梅：现阶段是北美市场，因为它比较成熟。

马云：你说你有两个核心竞争力，第一个是整合资源，国外没有资源，国内也要摸索，你想如何整合？第二个是外包，外包是核心竞争力？那么美国公司就做不到外包？

李红梅：第一核心竞争力中提到的整合就是把数据转化和数据输入这一部分的业务，跟软件销售业务整合起来。

马云：你觉得这个竞争力很高？

李红梅：因为美国的公司很少这样去整合。

马云：你现在有多少员工了？

李红梅：在北美我只有一些高端的设计人员，大概有四个。

马云：我觉得你的项目很难，相当难。我诚恳地建议，你最好别创业。我见过创业很艰辛的人，他说我就愿意创业。但我认为，结合各方面来讲，你不是很适合创业，我经常对朋友讲，有时候做一份工作，做一份喜欢的工作就是很好的创业。

你这个人很热情、很善良，这些性格可以让你成为一名非常好的员工，非常好的义工，为此完善自我，这可能很好，但是对于创业，我很坦诚地说，你真的不合适。

现实生活中，很多人都有自己的创业梦想，但并不是谁都能创业，有理想是好事，但也必须兼顾现实。创业最忌讳的就是先设定一个理想化的目标，然后在执行过程中不顾现实情况，一味地朝这个目标前进却不知变通，最终可能连生存都保证不了。

创业者一般都是理想主义者，而理想与现实的差距很大，即使有再好的创意、再缜密的思维，也不可能规划出整个创业过程，能够随时积极应对变化和挑战，可以说是创业者必备的素质。

每一种选择都有利有弊，无论是创业还是打工，关键在于你适不适合、快不快乐。有些人选择创业的原因是想摆脱办公室的束缚，不再受制于人。然而，创业者看似自由，实则最不自由。创业者虽然不再为老板打工，但时时在为市场、客户、员工打工，他要替客户着想、对员工负责、受市场制约，甚至看投资人脸色，告别了朝九晚五的枯燥生活，却陷入时刻殚精竭虑的状态。

现实生活中，我们所处的环境和氛围都在“逼”着我们去成功——“都 30 岁了，男的还没车没房、女的还没钓到一个金龟婿，是很失败的事情！”不成功就是失败，似乎已经成了别无选择的独木桥。对于成功的过度焦虑，逼迫着人们开始全盘接受成功学宣扬的那些无比亢奋的观点：“要成功先发疯，头脑简单往前冲”，“如果我不能，我就一定要，如果我一定要，我就一定能”……

这类所谓的成功学观点拼命地鼓动渴望成功的人上足了情绪的发条亢奋地往前冲，结果却是，亢奋过后啥也没有，白白累了大脑，耗了精力。因为成功不是战场上冲锋陷阵，不是仅有热血沸腾扛着砍刀奋勇杀敌就能取得胜利的。

在创业领域，我们经常看到的是“先驱”成为“先烈”，创业不是只凭创意就行，还需要综合能力，甚至运气。如果你不是一个好的打工者，或者说在曾经的职业生涯中没有过成功的经历，在职场中缺乏老板思维，都是很难获得成功的。

有这样一个例子：

有一个男孩，他连做梦都想成为像帕格尼尼那样的小提琴演奏家，于是每天都在练琴，练得心醉神痴，走火入魔，但是他完全没有这方面的天赋，怎么练都进步甚微。周围的人都很可怜他的这股痴劲，又怕告诉他真相会伤了他的自尊心。

一天，男孩去请教一位老琴师，并拉了帕格尼尼的一首曲子。他拉得如痴如醉，可依然破绽百出。老琴师耐心地听完曲子，认真地问他："孩子，你为什么特别喜欢拉小提琴？"男孩说："我想成功，我想成为像帕格尼尼那样伟大的小提琴演奏家。"

老琴师又问："那你快乐吗？"少年回答："我非常快乐。"老琴师告诉他："孩子，你非常快乐，这说明你已经成功了，又何必非要成为像帕格尼尼那样伟大的小提琴演奏家不可？世界上有两种花，一种花能结果，一种花不能结果，不能结果的花更加美丽，比如玫瑰，又比如郁金香，它们在阳光下开放，没有任何明确的目的，纯粹只是为了快乐，这就够了。快乐本身就是成功。"

听了老琴师的话，男孩心头那团狂热之火终于沉静下来。他仍然常拉小提琴，在音乐中享受他的快乐，只是不再受困于成为帕格尼尼这个梦想。他的琴声是他的快乐，而他最终的成功在于提出了天才的狭义相对论和广义相对论。他就是伟大的爱因斯坦。

其实，自主创业和替人打工一样，只是两者的生活方式不太一样，只要两者能给你带来快乐，就是成功的。不同的生活方式会带来不同的感受，更需要不同的条件，因此，想知道适不适合，不仅要从感觉出发，还要从实际能力考虑。

每个人的基因、天赋及其所处的环境，决定了他能成为什么样的人，做什么样的事。我们年轻的时候，以为什么都有答案；可是随着年岁渐长，才发现其实人生并没有所谓的答案，更没有标准答案。

正如马云所说，做一份喜欢的工作就是很好的创业。我们每个人都有自己既定的轨道，选择创业还是选择做员工，就像是选择恋人，只有正确选择合适的人才会幸福。

执行力金句：

目标一旦确定就不偏离自己设定的目标，然后勇敢地向着目标努力；有些聪明人却三心二意，往往什么都想做，没有明确的目标，有了目标，也容易被别的事情诱惑，结果没有集中精力和才华完成自己的目标，更不可能成功。

◆ 空想、瞎想换不来成功

明朝刘元卿的《应谐录》里面记录了这样一个故事：昔人有睹雁翔者，将援弓射之，曰："获则烹。"其弟争曰："舒雁烹宜，翔雁燔宜。"竟斗而讼于社伯。社伯请剖雁，烹燔半焉。已而索雁，则凌空远矣。

这则故事大致意思是：从前有两兄弟看到天上的飞雁，准备弯弓射雁，哥哥边弯弓边说："射下来煮着吃。"他的弟弟争着说："鹅才适宜煮着吃，雁要烤着才好吃。"竟互相争吵起来，最后不得不到地方上的长者那里去评理。

长者建议把雁剖成两半，用一半煮一半烤的吃法解决了他们的争吵。随后兄弟俩再去找天上的飞雁，雁早已又高又远地飞走了。两兄弟最终只能望雁兴叹，留下空想，瞎想的笑柄！

与很多有着光鲜背景的互联网神话制造者不一样，马云的出身很平凡。他没有多少钱，创办公司的时候甚至只能把家当办公室，但马云有自己的特点：有梦想，能坚持，并且用实际行动，努力将梦想变成现实。他经常沉浸在梦想中，并为自己的梦想激动不已。

马云创立中国第一个商业网站——中国黄页时，他每天出门推销中国黄页，说服人家心甘情愿付钱把企业的资料放到网上去。当时大家都不知道互联网是什么，没有人相信他，在那段时间里，马云过的是一种被人视为骗子的生活。

为了拿下杭州一家企业的生意，他一连跑了五趟，但这家企业的老板总怀疑电子商务是骗人的。为了说服这位老板，马云为他收集了大量有关电子商务的资料，一遍又一遍为他讲解电子商务这种新型商业模式，告诉他在网上做广告比在其他任何媒体上做广告更有广泛的效应。

任凭马云费尽口舌，这位老板还是将信将疑。面对这块难啃的骨头，马云没有放弃，临走前他向这位老板要了一份企业的宣传材料。几天以后，他带着一台笔记本电脑回来，那位老板看到电脑上显示着自己企业的网页时，终于同意合作。

提起那段往事，马云感慨良多“基本上可以说是惨不忍睹，就跟骗子似的。”他当时跟所有人都说，有这么一个东西，然后怎么去做。1997 年年底，网站的营业额竟达到 700 万元。追溯起来，阿里巴巴网站的雏形应该就是中国黄页网站。然而，阿里巴巴从成立以来一直备受质疑，马云也一路被骂过来。别人都说这种模式不可能，但马云觉得没关系，他不怕骂，只要不往心里去就是了。阿里巴巴依旧坚定不移地走电子商务路线，尽管马云相信电子商务也许三年，也许四五年都挣不到钱，但他坚信八年、十年后一定能够挣到钱。所以他首先需要的是存活下来，坚强地活下去。

正如后来马云在演讲中所说："初恋是最美好的，每个人的第一次恋爱最容易记住，每个人初次创业的时候理想是最好的，但有些人走着走着就找不到这条路在哪里。我们是坚持梦想的人，所以能走到今天。"

的确如此，从1995年到美国时首次接触因特网，回国后创办网站"中国黄页"；到1997年，加入中国外经贸部，负责开发其官方站点及中国产品网上交易市场；再到1999年，正式辞去公职，创办阿里巴巴网站，开拓电子商务应用，尤其是B2B业务，马云始终像坚持初恋一样坚持着自己的理想，并最终将理想变成了现实。

他说："你喜欢看太阳，但是看太阳会很难受，而且太阳背后有无数的黑暗，成功的背后也隐藏着很多挫折和失败。任何一个人成功，别人看到的都是表面的光芒，却看不到他背后付出的巨大代价。"

对于梦想与成功，在2013年4月深圳IT领袖峰会上，马云也有同样表述：不管事业多成功、多伟大、多了不起，记住我们到这个世界就是享受经历这个人生的体验。忙着做事一定会后悔，我不希望自己七八十岁还在公司开早会，我的同事很生气，又不好意思说。

昨天晚上到的比较晚，晚上跟大家聊得特别开心，回想14年中国互联网的发展，我们经历了很多有意思的事情，回顾自己犯过的错误，见过的形形色色的人，但这是美好的经历，人生就是这样。

我回去后又睡不着，我想14年给了我那么多有意思的经验，15年以后又有什么样的东西可以让我们这帮人在一起吹牛、聊天。

如果今天不设计好的话，15年以后一定会很倒霉。我们这批人昨天晚上聊，我们这些人都坚持对梦想的追逐，都有很好的梦，都有对梦想的坚持和执着。我今天来不想谈IT未来的展望，一会儿留给马化腾、李彦宏年轻人谈，我比他们大几岁，男人大一岁就是一岁，千万不要跟年轻人比远见，不要跟年轻人比创新，我只讲一些作为我们这个年纪的人观察到、听到的一些事，今天讲讲如何把梦想变成现实，如果梦想变不成现实，就是空想、瞎想，最近讲得最多的就是空谈误国。

我不是学技术的，我对IT真不懂，我也不懂管理、不懂产品，但是我后来发现自己找到了一个地方是可以做的，就是在管理、在领导力、在怎么样把梦想变成现实上，我估计我比绝大部分IT人花的时间更多。

人都是有理想的，但能够将理想坚持下去的人并不多。在人生之中，失败或许不是一件坏事，成功也未必是最终结果，而坚持理想一定是一件意义重大的事。那些有所成就的人，在获得巨大的成功之前，必须在理想的道路上努力坚持。很多时候，只有始终坚持理想，才会有奇迹发生。

薛瓦勒是一个乡村的邮差。有一天，他在山路上被一块石头绊倒了。他发现绊倒他的石头形状很特别，于是，他便把石头放进了自己的邮包里。

当他把信送到村子里时，人们发现他的邮包里除了信之外，还有一块沉甸甸的石头。大家觉得很奇怪，问他为什么要带着一块这么沉的石头。薛瓦勒取出那块石头，向人们炫耀："你们看啊，这是一块多么美丽的石头，它的形状这么特别，你们以前一定没有见过这样的石头。"

人们听到他这么说，嘲笑他："这样的石头山上到处都是，你带着这么沉的石头到处走，负担多重啊，不如把它扔了吧。如果你想要捡这样的石头，山上足够你捡一辈子了。"

薛瓦勒不理会人们的取笑，不肯扔掉那块美丽的石头。他晚上回到家，躺在床上，脑海里忽然冒出这样一个念头：要是我能够用这样美丽的石头建造一座城堡，那该有多美啊！

从那以后，薛瓦勒每天除了送信之外，都会带回一块石头。过了不久，他收集了一大堆千姿百态的石头，可要建造一座城堡，这些石头还远远不够。

薛瓦勒意识到，每天收集一块石头的速度太慢了。于是，他开始用独轮车送信，这样每天送信的同时，他可以推回一车子石头。薛瓦勒的行为在人们看来简直是疯了，无论是他的石头还是他的城堡，都受到了人们的嘲笑，可他丝毫没有理会人们讥讽的目光。

在20多年的时间里，薛瓦勒每天都坚持找石头、运石头和搭建城堡，在他的住处周围，渐渐出现了一座又一座的城堡，错落有致，风格各异。

后来，薛瓦勒的城堡被法国一家报社的记者发现，这位记者撰写了一篇文章。一时间，薛瓦勒成为新闻人物，许多人都慕名前来观赏薛瓦勒的城堡，甚至连当时最有声望的毕加索大师都专程赶来参观。

如今，薛瓦勒的城堡已经成为法国最著名的风景旅游点之一，被命名为"邮差薛瓦勒之理想宫"。据说，城堡入口处就是当年绊倒薛瓦勒的那块石头，石头上还刻着一句话："我想知道一块有了愿望的石头能够走多远。"

执行力金句：

当今社会，一切均在不断的发展变化中，而且发展变化的速度不断加快。这个社会中，唯一不变的也是变化。要想适应社会的变化，跟上社会的变化进程，武装自己头脑是我们唯一的选择，努力学习追求新知，就成为提高个人执行力的重要条件。

◆ 激活梦想，坚持行动

关于梦想、行动，马云有过这样精彩的演讲：

我刚才在门口一听说要演讲，就有些激动，立即就想到了两个词——

梦想与坚持。我想跟大家讲，作为一个创业者，首先要给自己一个梦想。1995 年，一次偶然的机会我到了美国，然后发现了互联网。

我不是一个技术人才，到目前为止，我对电脑的认识还是停留在收发邮件和浏览页面上。我今天早上还在说，到现在为止我还搞不清楚该怎么样在电脑上用 U 盘。但这并不重要，重要的是你到底想干什么？

1995 年我发现有一天互联网将改变人类，并影响人类的方方面面。但是谁可以进行这种改变，它到底会如何影响人类？这些问题我当时并没有想清楚，但是我隐隐约约感觉到这是将来我想干的。回国以后，我请了 24 个朋友到我家里，大家坐在一起，我说我准备从大学里辞职，要做一个互联网，叫 Internet，那个时候互联网不叫互联网，那个时候把它翻译成因特耐特，因为自己不懂技术，

所以我花了将近两个小时来说服 24 个人说，这是一件很有意思的事情。

两个小时以内，我肯定没讲清楚什么是互联网，他们肯定也听得糊里糊涂。两个小时以后，大家投票表决，23 个人反对，1 个人支持，大家觉得这个东西肯定不靠谱，“别去做那个，你又不懂技术，而且根本不存在这么一个网络。”但是经过一个晚上的思考，第二天早上我毅然决定辞职去实现自己的梦想。为什么是这样呢？回过来想想，很多游学的年轻人是晚上想千条路，早上起来走原路。晚上出门之前说明天我将干这个事，第二天早上仍旧走自己原来的路线。如果你不去采取行动，不给自己的梦想一个实践的机会，你永远没有机会。所以我稀里糊涂走上了创业之路。

不仅如此，在阿里巴巴 2004 年五周年庆典时，马云说：“我建议大家从明天开始，把我们的 80 年改为 102 年，成为中国最伟大、最独特、横跨一个世纪的公司，如果能活 102 年，就是我们最大的成功。阿里最大的成功不是我们有了诚信通、中国供应商，而是创造了伟大的公司。”

生活中，人们确定梦想和目标后，所要关心的是怎样前进，因为没

有行动，梦想只是空想。只有付出行动，才能美梦成真！

有一位美国女孩叫西尔维亚，她父亲是有名的整形外科医生，母亲在一家声誉很高的大学担任教授。她的家庭对她有很大的帮助和支持，她有机会实现自己的理想。她从念中学的时候就一直梦寐以求地想当电视节目主持人。她觉得自己有这方面的才干，每当她和别人相处交流时，陌生人也愿意亲近她、和她长谈。她知道怎样从别人嘴里“掏出心里话”。她的朋友们称她是“亲密的随身精神医生”。她自己常想：“有人愿给我一次上电视的机会，我一定能成功”。但是她为了达到这个理想做了些什么呢？什么都没有！她在等待奇迹的出现，希望一下子就当上电视节目主持人。西尔维亚不切实际地期待着，结果什么奇迹也没有出现。谁也不会请一个毫无经验的人去担任电视节目主持人，电视节目的主管也没有兴趣到外面去搜寻人才，都是别人去找他们。

另一名女孩辛迪却实现了西尔维亚没有实现的理想，成为著名的电视节目主持人。辛迪能成功，是因为她知道“天下没有免费的午餐”，一切成功要靠自己的努力得来的。她不像西尔维亚那样有可靠的经济来源，她不可能坐着等待机会的出现。她白天做工，晚上在大学的舞台艺术系上夜校。毕业后，她开始谋职，跑遍了洛杉矶每一个广播电台和电视台。每个地方的经理对她的回答都差不多：“不是已经有几年经验的人，我们不会雇用的”。她没有退缩，也没有等待机会，而是走出去寻找机会。她一连几个月仔细阅读广播电视方面的杂志，终于看到一则招聘广告：北达科他州有一家很小的电视台招聘一名预报天气的女孩子。辛迪是加州人，不喜欢北方。但是，有没有阳光，是不是下雨都没有关系，她希望找到一份和电视有关的职业，干什么都行！她抓住这个工作机会，动身到北达科他州。辛迪在那里工作了两年，最后在洛杉矶的电视台找到了一个工作。又过了五年，她得到提升，成为她梦想已久的节目主持人。

为什么西尔维亚失败了，而辛迪却成功了呢？因为西尔维亚在10年中，一直停留在幻想中，等待机会；辛迪是采取行动，最后实现了梦想。“天下没有免费的午餐”，一切成功要靠自己去努力争取。机会需要把握，更需要用行动去创造。

马云是一个坚持梦想的人，他之所以有今天的成功，都是靠梦想的指引。虽然创业之路非常艰辛，但马云认为只要有梦想，只要不断努力，只要不断学习，就有机会到达成功的彼岸。正如他所说：“人永远不要忘记自己第一天的梦想。你的梦想是世界上最伟大的事情，就是帮助别人成功。”

1995年，马云从西雅图回来后，在朋友的协助下，他开始为自己的海博翻译社建立首页。当时中国的网络是用拨号上网连接方式，这种方式上网速度极慢，足足花了3.5小时才打开一半的网页。但即便如此，马云仍然相当自豪，因为他证明了互联网的存在。

随后，他决定进入互联网行业。1995年4月，马云联合朋友创建了“海博网络”，当时的情况实在让人寒心：创建海博网络的资金只有六七千元，是马云的积蓄，剩下的是从亲戚朋友那儿借来的。当时总共需要10万元钱，他就将家里的家具全卖了。员工除了他和他的老婆外，只有一个大学同学。就这样，“海博网络”成了中国最早的互联网公司之一。

马云说，别人是盲人骑瞎马，他当时算得上是盲人骑瞎虎。那时中国的互联网还没有全部联系起来，就只开通了他的那个网站，他早在五月份就已经挂上互联网，上海是八月份才开始挂上互联网的，所以直到两个月之后马云才开始有了竞争对手。做得最早的是中科院高能物理研究所的“中国之窗”，马云之前已经把自己的网站改名为“中国黄页”。

马云和他的创业团队始终记得，当年他们意气风发向北京，却以失败告终，在马云宣布打道回府的告别宴会上，大家喝起了北京的二锅头，不知有谁带头唱起了《真心英雄》：“在我心中，曾经有一个梦，要用歌声让你忘掉所有的痛……把握生命里的每一分钟，全力以赴我们心中的梦，不经历风雨怎么见彩虹，没有人能够随随便便成功……”

五年以后，阿里巴巴首战告捷，2000多名热血沸腾的阿里巴巴员工又唱起了这首歌，有人看见马云在偷偷地抹眼泪。老歌重唱，他们是什么样的心情？他们肯定想起了当年的那个小酒馆，想起了他们含泪而歌的那个晚上。

在2005年阿里巴巴社区大会上的演讲中，马云说：“我们没有放弃第一天的梦想，我们还要走下去，我们还要走96年。从我们第一天说要让阿里巴巴持久发展80年起，我们就没有改变过；今天我们说要做持续发展102年的公司，成为世界最大的互联网电子商务网站。”

可以说，坚守第一天的梦想不变，是马云成功的关键因素。作为一个没背景、没技术、没资本的创业者，马云唯一拥有的只有“梦想般的理想”，而正是靠这个理想，马云才成为了今天的马云。

丁磊大学毕业后，在家乡的电信局工作，电信局旱涝保收，待遇不错，但是丁磊觉得电信局的工作非常辛苦，同时也感到一种难尽其才的苦恼。于是，他不顾家人反对，在1995年辞职来到了广州。回忆起当时的情形，丁磊说：“这是我第一次开除自己。有没有勇气迈出第一步，往往是人生的分水岭。”

到了陌生的城市之后，不知道去了多少家公司面试，也不知道费了多少口舌，颇具耐心和实力的丁磊终于在广州安定了下来。1995年5月，他进入某外企工作，之后又去了一家小公司。因为他相信这家与lntenet相关的企业将来会对国内的Intenet产生影响，他怀着满腔的热情投入到新公司的技术工作中去。但是，当时的他只懂技术，缺乏足够的商业经验，当他发现这家公司与他的许多想法相背离时，他只能再次选择离开。

已经三次跳槽的丁磊在1997年对自己的前途整整思考了五天，最后的决定是自立门户，干一番事业。“我根本不知道自己的公司未来该靠什么赚钱，只是天真地以为只要写一些软件，做一些系统集成就可以了。这种想法几乎使公司无法生存。”他后来这样说。

2001年9月4日，网易因误报2000年收入，违反美国证券法而涉嫌财务欺诈，被纳斯达克股市暂停交易。随后，网易内部又出现人事震荡。丁磊经历了无数个不眠之夜，他也曾心灰意冷过，但苦难没把梦想压倒，2002年8月后，公司依靠网络游戏重整旗鼓。到了2003年6月6日，网易的股票再创历史新高：每股34.90美元。丁磊的个人财富也与网易股价一起飙升，跃上了50亿元人民币的台阶，开辟了中国史无前例的创富速度。

丁磊认为，虽然每个人的天赋有差别，但人首先要有理想和目标。尤其是年轻人，无论工作单位怎么变动，重要的是怀抱梦想，而且绝不放弃。从26岁创业到后来的亿万富豪，丁磊从挫折中一路走来。无论遇到什么打击，他都坚持最初的梦想，终于在阵痛中脱胎换骨，梦想成真。

美国有一位哲人曾经说：“很难说世上有什么做不了的事，因为昨天的梦想可以是今天的希望，还可以是明天的现实。”岁月或许会掩埋很多东西，会让我们变得越来越现实，但是我们不能忘记自己第一天的梦想。如果我们都能像马云、丁磊一样坚持第一天的梦想，为了梦想而努力奋斗，不抛弃、不放弃，那么我们终有一天也能摘到梦想的花环，领略到实现梦想的喜悦。

执行力金句：

世上有很多资质平凡的人成功，也有很多聪明的人失败，那是因为那些看起来不聪明的人，他们有一种顽强的毅力，在任何情况下都坚定不移的决心，不受任何诱惑。

第五章　行动，体现执行力

执行力是一个企业不能缺少的基本素质，企业一定要把握住，对于执行力缺失的人员要进行执行力的培训，这样才能提升企业的整体竞争力，阿里巴巴重视企业的管理者和员工的执行力的提升，他们认为，执行力可以给企业带来无限价值。

◆ 立刻、现在、马上去做

马云曾和软银集团总裁孙正义讨论过这样一个问题："一流的点子加上三流的执行水平，与三流的点子加上一流的执行水平，哪一个更重要？"两位"时代先锋"给出了一样的答案：三流的点子加上一流的执行水平。

"你们立刻、现在、马上去做！立刻！现在！马上！"酒店房间内突然传出马云愤怒的叫喊声。

是什么让马云如此气愤呢？原来。马云有一次在长城看到涂鸦式留言，如"某某到此一游""某某到此留念"这样的话语，深受启发。他认为阿里巴巴应由网上论坛 BBS 按行业分类发展，因此，马云要求技术人员对 BBS 上的每一个帖子进行检测并分类。技术人员认为这样的人工分类，有违互联网自由的传统习惯，但马云认为只有这样才能让用户方便、快捷地利用阿里巴巴，所以他坚持己见，要求技术人员照做。当时很多人不同意，拍着桌子同马云吵。争吵最激烈时，马云仍不改初衷，他始终认为方便用户才是对的，自己的思考也是对的。

后来，马云到外地出差，通过电子邮件要求技术人员立即完成这一程序，结果他们还是不同意。于是，就有了开头的那一幕。后来，马云回忆说，当时自己真想立刻飞回去，猛拍那些技术人员的脑袋。

马云的愤怒让技术人员不得不做出让步，正是因为他的强硬要求，阿里巴巴的发展方向才最终确定下来，并得以有效执行。也正是因为他的这种作风。使得阿里巴巴不仅在网络泡沫时期坚持下来，而且实现了赢利。

网络时代一切都是信息化的。信息瞬息万变，难以预测，因此，马云认为成功不是计划出来的，而是"立刻、现在、马上"干出来的。

高效率地执行，是阿里巴巴成功的一大法宝。马云曾将阿里巴巴称为“一支执行队伍而非想法队伍”，他多次强调，迅速地执行一个错误的决定要好过优柔寡断或者没有决定。因为马云知道在执行的过程中，已经有足够的时间和机会去发现并改正错误。

马云在创业之初就懂得这样的道理：企业只需要一个思想家，其他的都必须是执行者。

来看马云在“赢在中国”上的点评片段：

马云：以一流企业作为标准，大概是想推广一个什么样的标准，你做的东西就是卫生间里的马桶、脸盆，你想推广一个什么样的标准？

石乐华：这个标准是这个样子的，你的坐便器、洗手池，还有毛巾等一系列的产品，都需要国家建立一个标准。但是目前来讲，因为卫浴市场发展的历史也就十余年，所以目前还存在很多空白，现在国家致力于整合这一块的政策，有一部分产品厂家在致力于此，这也是我们要参与做的。

马云：你凭什么去整合别人，我为什么要被你整合？请你讲出三条理由。

石乐华：第一个理由就是我们现实的基础，因为我们现在做卫浴已经做了五年，在业界已经有一定的名气。第二个理由，是我个人的理念，目前全球有很多中小卫浴生产企业，但是很少有人有我这种理念，国内目前也没有这样的联盟。第三个理由，就是我对自己的信心。

马云：你准备怎么应对像TOTO或者美标这样有100年历史的企业？

石乐华：这是市场定位的问题，就算TOTO来整合都没有关系。就好像奔驰跟广州本田没有市场冲突一样。

马云：我感觉你的条理很清晰，心态很好，你的激情跟别人不一样。很多人把创业者看成激情澎湃的人，你对自己的信念非常坚持，坚持自己的并购、整合是有意义的。但是，我认为，值钱的东西不是理念，而是你创造的价值和脚踏实地的结果。很多人说我有非常优秀的理念，这世界上没有优秀的理念，只有脚踏实地的结果。所以不要用你的理念去整合别人，而是用你创造的价值给别人带来好处。

好的决策是企业成功的前提，但是再美好的决策如果没有执行。那也只是一场空想。

史玉柱对于自己团队“说到做到”的执行能力非常认同。他说：“如果谁说我们的执行力差，我绝不会承认。每年大年三十，当别人都回家过年的时候，我们9000名员工依然顶着寒风在全国50万家商场和药店里一丝不苟地搞脑白金促销。如果执行力不行，干劲儿从哪里来？”

具有保障性的执行力，对于一个商业模式稳定、管理到位的企业来说，比超越的创造性更为重要。从这个方面来讲，史玉柱是个典型且极端的实用主义者。曾有人问他，现在的管理中，哪一样至关重要？史玉柱仍然回答是“说到做到”。他认为，只要承诺了，就一定要做到，只要做不到，就一定要处罚。

为了落实“说到做到，严己宽人”的理念，打造高效的执行力，史玉柱成立了专门的督察部，秉着“以客观所见为依据，大公无私，宁可错判，绝不放过”的原则，制订了一套严密的制度，并组织专门人员进行落实。

执行力是一流企业和不入流企业的显著区别。一个企业的成功，三分之一靠策略，三分之二靠执行。所以企业家一定要注重培养团队的执行力，将战略战术都落到实处。

执行力金句：

如果没有忘我的工作热情，只有好高骛远、作风漂浮，就无法将工作进行到底，对成功就少了一份执着。而有了这份执着的精神，在执行中就不会斤斤计较得失，不会吝啬付出和奉献。从而才能真正地提高个人的执行能力。

◆ 正确的方法做事

曾经有人询问马云有关阿里巴巴应对危机的策略时，马云说道：“首先是不是做了正确的事，其次是不是正确地做事。”首先要做正确的事，方向对了，即使走得慢一点也能一步步地靠近成功。做正确的事，再正确地做事，这是马云的一贯作风。

试想，在一个生产型企业里，员工按照质量标准的要求生产产品，如果产品质量、操作行为都达到规定的标准，说明员工是在正确地做事。但是如果这个产品在设计环节就存在很大的缺陷，那么，无论员工做事的方式方法多么正确，其结果都等于零。

在马云看来，方向比距离更重要，不走弯路，就是捷径。首先做正确的事，然后正确地做事，这不仅是一个重要的工作方法，更是一种重要的工作理念。任何时候，对于任何人或者组织而言，“做正确的事”远比“正确地做事”重要。

他在 2007 年第四届网商大会演讲时说：

一个领导者最重要的实力是什么？在座的每个人，你的企业多大多小，不论你管五个人还是 5000 个人，你都要比任何人有抗击打的能力，也就是经历失败的能力。

另外，有件事情很重要。做正确的事和正确地做事，这是两个含义。首先要选择正确的方向，如果你方向选错了，你做得越多死得越快，所以我觉得我比较幸运，阿里巴巴选择了一个正确的方向——电子商务。

我觉得很多人都在讲第一桶金，我想给在座所有网商群体讲，网商群体一定要成为，也一定能成为世界上最诚信的商帮。为什么？我们没有办法线下见面，所有东西都靠诚信一点一滴建立起来，如果我没见过你，如果我要做生意，从几百万到上千万，必须一点点做起来。

网商逐渐长大起来，最重要的是诚信，所以要做最正确的事情，网络大力投入诚信建设，做的过程当中不要希望一夜暴富。大家现在觉得阿里巴巴很有钱，马云很有钱，我如果像你这样，我也正确地做事情了，我没有你那一桶金，所以我要先搞一桶金，搞了第一桶金自然会诚信。不是这样的。

管理大师彼得·德鲁克曾在《有效的主管》一书中指出，效率是指以正确的方式做事，而效能强调的则是做正确的事。效率和效能二者都不可偏废，但这并不意味着它们二者具有同样的重要性。我们当然希望同时提高效率和效能，但在效率与效能无法兼得时，我们首先应立足于效能，然后设法提高效率。

在现实生活中，人们关注的重点往往都在于前者——效率和正确做事，但实际上，最重要的却是效能，也就是做正确的事。正如彼得·德鲁克所说："对企业而言，不可缺少的是效能，而非效率。"

"正确地做事"与"做正确的事"有着本质的区别。"正确地做事"应该是以"做正确的事"为前提的，如若不然，那么"正确地做事"将变得毫无意义。即使将事情做得再正确，也是没有任何实际效能的。做正确的事就好比射击前的瞄准，正确地做事就是瞄准后再射击。没有瞄准的射击是没有意义的。

例如，在一个糖果商店中，店里明明有许多营业员空闲，顾客却宁愿挤在同一个柜台前买糖，难道是其他营业员不热情或者短斤缺两吗？原来，受顾客一致欢迎的那个营业员每一次抓糖果的时候，第一次一般都不会超过顾客所要的分量，然后，当着顾客的面一点一点地加进去，直到分量足够为止。顾客看到的是不停加糖，心里觉得很满足，当然也就愿意光顾这个营业员的柜台了。其他营业员往往是第一次抓很多的糖果，然后不停地减少，顾客的心里当然就不舒服了。

由此可见，同样是卖糖果，同样的分量，因为方法不同，则结果迥异。以正确的方法做事，才能一步步接近完美，迈向巅峰。

执行力金句：

当处于巨大压力或产生可能会影响工作的消极情绪时，能够运用某些方式消除压力或消极情绪，避免自己的悲观情绪影响他人，不是每个人都能做到的。因此具有永不放弃的精神是高效执行力的重要表现。

◆深挖洞、广积粮

在2014年初，阿里巴巴的余额宝陷入了前所未有的恐慌和危机中，虽然最后安全着陆，但因为它，阿里总裁马云的危机意识又增加了些许。

其实，早在十年前的2004年，马云在阿里巴巴五周年庆典上，对危机就有过自己的判断："我第一次担心，怕阿里巴巴不是阿里巴巴，我怕我们失去了湖畔的精神，但是我们在华星，很好地保留了当时的文化。昨天我走回公司，发现楼下有一大排的出租车，这让我想起了在华星，每天晚上到一两点的时候，都有许多出租车司机在外边等。杭州所有的出租车司机都知道，阿里巴巴再晚还是有人在那工作。但是现在，我又开始担心了，创业大厦比华星更豪华，阿里巴巴会不会变化？我们还能走多远？"

马云是一个极具危机意识的企业家，在全球经济的冬天逼近之前，他已经开始准备如何过冬，并且已经开始为严冬积蓄力量，以迎接阿里巴巴下一个春天的到来。于是，有了马云写给阿里巴巴集团全体员工的内部信——《冬天的使命》。

文中，面对即将到来的冬天，马云发出了"冬天并不可怕！可怕的是我们没有准备！”的呼吁。此外，马云还提出了两点过冬的对策：第一，要有过冬的信心和准备；第二，要做冬天该做的事。

在马云看来，形势比人强，变化总比计划快。企业在运行的过程中不仅要把今天的事做好，还要有危机意识，准备好明天要做的事。面对互联网的冬天。阿里巴巴只有做好过冬的准备，在严冬中“深挖洞、广积粮”，才是长久的发展之道。

马云认为，作为企业领导者，要有敏锐的洞察力，能够把灾难扼制在摇篮之中。尤其是电子商务企业，要想稳步发展、获得成功，必须能够防微杜渐，站在整个大行业、大市场的全局高度上，在危机来临前或者危机刚刚萌发时，调整策略，遏制危机的蔓延，这样才能持续地生存下去。

下面就是马云在2008年所发的内部电子邮件《冬天的使命》原文：

大家也许还记得，在二月的员工大会上我说过：“冬天要来了，我们要准备过冬！”当时很多人不以为然！其实我们的股票在上市后被炒到发行价近三倍的时候，在一片喝彩的掌声中，背后的乌云和雷声已越来越近。因为任何来得迅猛的激情和狂热，退下去的速度也会同样惊人！

我不希望看到大家对股价有缺乏理性的思考。去年在上市的仪式上，我就说过我们将会一如既往，不会因为上市而改变自己的使命感。面对今后的股市，我希望大家忘掉股价的波动，记住客户第一！记住我们对客户、对社会、对同事、对股东、对家人的长期承诺。当这些承诺都兑现时，股票自然会体现你为公司创造的价值。

我们对全球经济的基本判断是经济将会出现较大的问题，未来几年经济有可能进入非常的困难时期。我的看法是，整个经济形势不容乐观，接下来的冬天会比大家想象的更长、更寒冷、更复杂，我们准备过冬吧！

面对冬天我们该做些什么呢？

第一，要有过冬的信心和准备！

冬天并不可怕，可怕的是我们没有准备！可怕的是我们不知道它有多长，多寒冷！机会面前人人平等，而灾难面前更是人人平等！谁的准备越充分，谁就越有机会生存下去。强烈的生存欲望和对未来的信心，加上充分的思想和物质准备是过冬的重要保障。阿里集团在经历了上一轮互联网严冬、非典等一系列打击后，具备了一定的抗打击能力。

去年对上市融资机会的把握，又让我们具备了二十多亿美元的过冬现金储备。集团年初“深挖洞，广积粮，做好做强不做大”的策略已经开始在各子公司得到坚决地实施。

我想对严冬的到来，阿里人应该拿出当年的豪情：If not now，when？ If not me，who？（此时此刻，非我莫属！）

2001年我们对自己说过：Be the last man standing！即使是跪着我们也要最后一个倒下！凭今天阿里的实力也许我们自己不会倒下，但是今天的我们肩负着比以往更大的责任，我们不仅仅要让自己不倒下，我们还有责任保护我们的客户——全世界相信并依赖阿里巴巴服务的数千万的中小企业不能倒下！

在今天的经济形势下很多企业的生存将面临极大的挑战，帮助他们渡过难关是我们的使命，是“让天下没有难做的生意”在今天最完美的诠释！我们要牢牢记住：如果我们的客户都倒下了，我们同样见不到下一个春天的太阳！

第二，要做冬天该做的事！

一个伟大的公司绝不仅仅是因为能抓住多少次机会，而是因为能扛过一次又一次的灭顶之灾！从2002年到2003年，我们抓住了互联网的寒冬大搞阿里企业文化、组织结构和人才培养建设。

今天，我们在感谢去年上市给我们带来机会的同时，也要学会感谢今天世界经济调整给我们带来的巨大机遇。阿里巴巴从18人创业到今天超过一万人，我们的文化、组织和人才建设也在快速增长下面临挑战，但也因此得到机遇，让我们这五年轰轰烈烈地经历了组建淘宝网，支付宝公司，收购雅虎中国，创建阿里软件、阿里妈妈和投资口碑网，一直到去年上市。我们希望有几年的休整时间，感谢这个时代又给了我们一次这样的机遇。

在现实社会中，对于大多数企业来说，最大的问题不是做不好今天该做的事，而是缺乏危机意识，无法对未来可能发生的变化，做好充分的准备。尤其是那些处在高速成长期的企业，只看到自身的快速强大，而忽略了在瞬息万变的商海洪流中可能面临的危机。

其实，危机无处不在，如果不懂得以危机作为自己成长和进步的动力，企业将难逃失败的宿命。几乎所有成功的企业，要想持续发展，都必须注重未来可能出现的危机。

海尔集团以“永远战战兢兢，永远如履薄冰”为生存理念；小天鹅公司实行“末日管理”战略，坚守“企业最好的时候，也就是最危险的时候”的理念；百度的创始人李彦宏始终在公司上下传达“百度离灭亡只有30天”的警示……这些强大的企业时刻保持着居安思危的警惕性，注重防患于未然，才使企业始终保持着蓬勃向上的发展势头。

2000年，在“网络股”泡沫破灭的寒流还未侵袭中国，国内通信业增长速度仍保持在20%以上的时候，华为公司年销售额达220亿元、利润以29亿元人民币位居全国电子百强首位。正是这个时候，任正非却大谈危机，认为“华为的危机以及萎缩、破产一定会到来”。他的那篇题为《华为的冬天》的文章后来在业界广为流传，深受推崇。

当然，“华为的冬天”并非只是华为公司的冬天。正如文中最后所说：“眼前的繁荣是前几年网络股大涨的惯性结果。记住一句话‘物极必反’，这一场网络设备供应的冬天，也会像它热得人们不理解那样，冷得出奇。没有预见，没有预防就会冻死。那时，谁有棉衣，谁就能活下来。”

马云的《冬天的使命》与《华为的冬天》有异曲同工之妙，它带给我们这样一个重要启示——最危险的情况是你意识不到危险。繁荣延续时间长，意味着冬天就要来了。在企业经营的过程中，危机总会不知不觉地到来，因此，企业家必须预先做好准备。

如果一家企业只顾眼前的发展，丧失了危机观念，就好像一个人闭着眼睛开车一样，早晚会出事。因此，企业应该在切实做好今天该做的事的同时，时刻保持危机意识，对企业的不足之处加以改进，为企业未来的健康快速发展铺平道路。

执行力金句：

责任心是指对事情敢于负责，主动负责的态度。责任心是一个员工作为企业、组织、团队一员必须具备的基本素养。一个没有责任心的员工，必定是一个不负责任的员工。这样的员工还谈何执行力？所以执行力源于责任心。

◆ 阿里的免费午餐

在接受上海第一财经栏目《财富人生》节目采访时，马云与主持人就“免费网站”的问题有过这样的对话：

主持人：就像开饭店一样，我们能够想象，当一个跨国巨头刚刚花了几千万美元买下易趣，以一种近乎垄断的姿态占领了一个不错的市口，正准备大赚特赚时，忽然一个无名小卒拍马赶到，在马路对面开了家小店，向来来往往的人们招呼“来、来、来，来本店吃饭，一律免费”，这个巨头会是怎样的火冒三丈？不知道这个比喻是不是准确？

马云：我们家不收钱，而且我们家的菜比他家好。如果你的菜不好，免费我也不吃，吃了拉肚子怎么办？大家吃了以后就会说，我觉得你不是免费的。

一拍网当年也是免费，雅虎和新浪合作也是免费，现在QQ弄了个拍拍网还是免费，免费的网站多得很。现在全中国真正收费的只有几个网站，大部分全是免费的。

免费只是个手段，你必须创造出比收费更好的服务，比收费网站创造出更高的价值，这样你才有机会赢。别人看到淘宝网赢了，以为是因为免费，于是都免费。雅虎和新浪合资的一拍网钱比我们多，品牌比我们好，访问量比我们大，也同样免费，又怎么样？eBay这两天开始免费了，又怎么样？

2003年，阿里巴巴内部网站上出现了一个帖子。这个帖子提醒阿里巴巴的员工，一个制作思路与阿里巴巴极为相似的网站正在迅速聚拢人气，它的名字叫淘宝。

随后，网上的议论越来越多。没多久，有人把线上的议论搬到了线下，当时还有员工对阿里巴巴高层在此事上的反应迟钝而感到愤怒。有人公开问领导："为什么对这样一个网站不闻不问？"马云却笑而不答。

首先看出端倪的是公司的老员工，因为这个淘宝网站上所有服务人员的网名都是金庸武侠小说里的名字。众所周知，马云是个"金庸迷"，于是有人开始猜测淘宝就是阿里巴巴的网站。

这个故事差不多已经成为阿里巴巴发展史上的一个经典段子，故事的开头便颇多悬疑。2003年农历新年后，10名阿里巴巴的员工被逐个叫到马云的办公室。马云跟他们说的是同样一件事，说公司有一项秘密任务需要他们去完成，不管愿意与否，员工都必须承诺保密。签订协议后，必须单独与一个团队工作一阵子。这件事谁都不能告诉，包括家人和朋友。

此前一直专注于B2B领域的阿里巴巴，为什么此时要建一个免费的C2C淘宝网呢？

随着阿里巴巴迅速发展，马云并没有满足于只在 B2B 领域傲视群雄，他将目光投向了用户基础庞大且同为电子商务的 C2C 领域。从 2002 年开始，马云就一直关注着 C2C 王者——eBay。

成立于 1995 年 9 月的电子商务网站 eBay，在问世不到 7 年的时间里实现高速发展，取得了傲人的业绩。拥有来自全球的 4200 万注册用户，2001 年 eBay 全球年度销售额已超过 90 亿美元，赢利 9000 万美元。

中国首家 C2C 网站——易趣网在 2002 年被 eBay 以 1.5 亿美元的价格收购，此举表明 eBay 要来中国抢夺市场。

2002 年底，在易趣网上出现了非个人对个人的大宗交易。这个现象引起了阿里巴巴高层的高度重视，电子商务原本就不存在 B2B 和 C2C 的明确界限，个人对个人的交易做大了，实质上与企业对企业的交易并无区别。在 eBay 登陆中国，并且成功收购易趣后，马云的弦绷得更紧了，建立淘宝网实际上是一种战略的需要。

天下难道真有免费的午餐？马云用淘宝网给了大家一个肯定的答复。淘宝网的使命是“没有淘不到的宝贝，没有卖不出的宝贝”。“免费的午餐”迅速赢得了人气，淘宝网很快取得了不俗的成绩，这一切都来源于用户的支持。

eBay 在北美市场靠向卖家收费而受到了投资商的青睐，它从一开始就赢利，而且获利颇丰。可是，马云宣布中国的淘宝是免费的，而且“几年内都将免费”。在中国，eBay 刚一并购易趣，很快就推行收费政策，直奔赢利主题。对此马云却表示：“还要烧钱，并且准备了五年的资金来支持淘宝的免费政策。”

马云认为，2005 年前后的中国 C2C 市场还不存在该不该收费的问题。因为中国的 C2C 消费市场非常不成熟，还需要培育，重点在于完善信息流、资金流、物流的产业链。

eBay 中国曾指出，“免费”不是一种商业模式。淘宝网宣布在未来三年内不对其产品收费，只能充分说明eBay在中国业务发展的强劲态势。马云却不这么认为，免费的目的是希望借此降低门槛，吸引更多用户，而收费将扼杀用户的积极性。

尽管宣称“免费”不是一种商业模式，迫于淘宝免费政策带来的压力，eBay中国也不得不尝试“免费”。然而，2005年12月20日，当eBay在中国推出“免费开店”的时候，它与淘宝的客户数差距已超过20倍，eBay此时反击太晚了，它已失去翻身的机会。

马云说：“经过两年的快速成长，淘宝已超越eBay，成为国内最受欢迎的第一大C2C网站。在未来几年里，淘宝的免费策略依然符合中国C2C处于起步期的特殊国情，淘宝将继续保持长远的竞争优势。”他表示，模仿并不能击垮竞争对手，eBay抛弃自己坚持收费的原则，将使用户无所适从，徘徊在收费与免费之间将令eBay进一步陷入被动。

他还说：“今天，eBay跟我们的距离已经很大了，目前我只关注淘宝如何更好地去培育好市场、建设好我们的品牌、做好我们的服务，未来三年争取创造100万个钻石卖家。”

当然，淘宝之所以完胜eBay并不仅仅靠免费这一策略。淘宝在技术层面上更加符合中国消费者的习惯，功能及服务都更为人性化；eBay在竞争中的决策迟钝与应对失误，直接造成了自己的失势。

执行力金句：

每一个人，生活在这大千世界里，都有一定的目标，或是为了事业有成，或是为了家庭幸福，或是为了有益于人类……我们都有太多的理想。我们都为自己的明天设计了太多的目标，但是最后有的人实现自己的目标，而有的人却没有，在这其中，责任与责任心在其中起了很大的作用。

第六章　激情，催生执行力

激情是一切行动的源泉，也是支持企业前进的动力。没有激情任何事情都不可能坚持或成功。阿里的实践表明：企业如果出现执行力不强的情况，企业管理者就要高度重视了，要提高执行力，就要不断地努力，让员工参加培训来提升自身的执行力，这样企业才能有一个比较好的发展和前景。

◆ 野心越大，动力就越大

提到野心，很多人都觉得好奇。其实，它不是个通常意义上的贬义词。它是获取财富的助推器，也是事业成功的发令枪。因为野心越大，动力就越大；动力越大，其行动就越有力；行动越有力，实现财富梦想的概率就越大。这些都是成正比的。如果一个企业想要获得财富，就必须要让自己的野心变得非常强烈，因为只有拥有强烈的野心才能使企业奋进。

2000 年可能是马云心理状态的一个转折点。他说，2000 年以前，只有做生意的感觉，2000 年以后，找到了做企业的感觉。这其中的变化，源自于驱动力的变化，他的驱动力不再是钱，而是一种理念。2002 年，马云的心理状态又有了新的变化，他开始体会到大时代的变迁，前所未有的互联网时代给中国带来了一个巨大的机会。

马云承认自己对未来的发展有着极大的野心。在他看来，拥有野心、梦想与激情，永不放弃，就一定不会失败。

阿里巴巴近几年的快速发展让很多人对马云有了新的高度评价，认为其取得了了不起的成就，对此马云却很从容。有一次，马云去日本参观访问，回国后感慨道："我去年在日本被当众敲一闷棍，忽然对钱一点兴趣都没有了。我去日本参观了一家企业叫拓板公司，我和他们老板交流：'去年赚了多少啊？''220 亿。'我说：'噢，220 亿日元。'他们说：'不，是美元。'这才叫作钱，我们只做了一两亿元人民币就牛起来了，差距太大了。拓板公司是百年企业，我们公司员工的平均年龄是 27 岁，再给我们 20 年时间，我们也可以了。世界 500 强企业中哪家企业的营业收入不是 70 亿、80 亿美元？我们闭嘴！慢慢来。中国今天的企业要有远大的理想，也会有这一天，如果没有理想那就很难了。今天我们说赚了 1000 万、2000 万，我觉得丢脸。”

“进入世界互联网企业前三强，进入世界 500 强，每年赚 100 亿美元”。这是马云的野心，因此马云不满足于一时的成就，看淡金钱，只为更大的目标。

2002 年，马云在一次接受记者采访时说：奋斗的动力是什么？不是财富。我做的是商业公司，很喜欢钱，但我不用钱，不攒钱，我没有多少钱。

从大的方面说，我真的就想做一家大的世界级公司，做一家进入世界 500 强的公司。如果我早生 10 年，或是晚生 10 年，那么我都不会有从事互联网行业这个机会，是时代给了我这个机会。在制造业时代，在电子工业时代，中国或多或少都错过了一些机会，而信息时代中国人有机会，我刚巧碰到这个机会，我一定要做，不管别人如何说，我都要做下去。我觉得中国可以有进入 500 强的企业，我们学得快，在这个过程中，勇者胜，智者胜。

从小的方面说，既然开始做了，就得做下去。89 元的工资我也拿过，再过 10 年，可能我连平均生活水平都达不到。我不喜欢玩儿，有人为了权力，有人为了钱，但我没有这种心态。

网络不行的时候我才真正体会到了如何做企业，2000 年以前，我没有做企业的感觉，而现在我觉得自己是在做企业，而不是做生意。

诚如马云所言：“小虾米一定要有个鲨鱼梦。”希望越大，责任就越大，动力也就越大。既要有高远志向，又要有切实的努力过程，这是一种人生智慧，也是一种人生态度。现实社会中的很多人都在立志，但是不敢立大志，因为他们缺乏足够的自信。

其实我们应当坚信，志当存高远，要立志就要立大志。俗话说“有志者事竟成”，只要我们有坚定不移的奋斗目标，相信终有一天，我们能够实现它。没有野心，就没有进取心，野心和想象力是促使一个人不断前进的精神基础。著名经济学家熊彼特在其作品《企业家的精神》中写道：“一个人要想成为企业家，就必须不断创新、创新、再创新。创新来自于不停地进取，进取心则来自于野心。野心让人冒险，冒险带来创新。”

一位法国大富翁在弥留之际立下一份遗嘱：“我曾经是一位穷人，在以一个富人的身份跨入天堂之前，我把自己成为富人的秘诀留下，谁若能猜出穷人最缺少的是什么，他将得到我留在银行私人保险箱内的 100 万法郎，这是揭开贫穷之谜的奖金，也是我在天堂给予他的欢呼与掌声。”

遗嘱刊出之后，有 48561 个人寄来了自己的答案。这些答案，五花八门。绝大部分人认为穷人最缺少的是金钱；有些人认为穷人最缺少的是机会；有些人认为穷人最缺少的是技能；还有的人说穷人最缺少的是帮助和关爱，是相貌漂亮，是名牌衣服，是家世……

在这位富翁逝世一周年纪念日时，他的律师和代理人在公证部门的监督下，打开了他在银行内的私人保险箱，公开了他的致富秘诀：“穷人最缺少的是成为富人的野心！”

在所有人当中，只有一位年仅 9 岁的女孩答对了。

为什么只有这位 9 岁的女孩想到穷人最缺少的是野心？她在接受 100 万法郎的颁奖之日说：“每次，我姐姐把她 11 岁的男朋友带回家时，总是警告我说不要有野心！不要有野心！于是我想，也许野心可以让人得到自己想得到的东西。”

成功者是拥有目标和野心，下定决心相信自己会做到，并以切实的行动、谨慎的规划及不懈的努力而达到了结果的人。美国加利福尼亚大学的心理学家迪安·斯曼特说：“‘野心’是人类行为的推动力，人类通过拥有‘野心’，可以攫取更多的资源。”

美国哈佛大学的毕业生有一个共同的特点，就是都有着自命不凡的心态和野心！“世界最优秀的人才是我们！”“我能成为世界上最大、最好的公司的CEO！”这种野心，成为哈佛永不褪色的招牌，其培养了无数的政治家、科学家和商业管理精英。难怪一位海归人士曾经说过：“咱们与国外的青年人相比，基本的区别就是有志向而无野心！”

所以，创业是需要有野心的，野心是社会向前进的原动力。野心有如加速器，时刻催促着我们积极、认真、向上、好动——假如有它天天伴你左右的话，你将会在生活和工作中取得非凡的成就。

可以说，目标和野心是信念、志向的具体化，是步入成功殿堂的源泉。过去或现在的情况并不重要，一个人将来想获得什么成就才最重要。有了目标和野心，内心的力量才会找到方向。

执行力金句：

执行力应成为企业的一种强势文化，重要的是把握执行制胜的二十四字真经：认同文化、统一观念、明确目标、细化方案、强化执行和严格考核。

◆ 要有“疯子”一样的执行力

马云曾经讲：有人说，我的公司是一个疯子公司，我承认。他们说中国99%的公司都不是像你这样的。我觉得我们愿意做1%，因为成功的人都是1%。

哈佛大学曾有人认为在那个时代中国不可能有公司考核价值观和使命感，后来他受我之邀来到中国，到我们的公司来感受。后来他说，我来之前觉得马云是个疯子，来之后发现你果然是个疯子。

我希望在我们公司里面能够形成一种企业的"belief"。有一批优秀的同事相信通过自己的努力，能够不断创造价值。加入我公司的人我不能保证100%，但是我希望有70%的人坚信我们可以让中小企业生存、成长和发展。我们坚信年轻人到我们的公司走的是正道。

几乎所有接触过阿里巴巴的人，都会觉得这家公司特别能"白话"，其CEO马云更是一个手段高超的人心"煽动者""蛊惑者"。很多与马云有过深度接触的人，都会莫名其妙地被他"忽悠"。当年在北京帮马云做《书生马云》节目的同乡好友这样评论马云："他就像一剂毒药，把所有的不可能都变成了可能。"比如，孙彤宇原本是去拉马云做广告的，结果客户没做成，反倒成了马云的人，阿里巴巴CFO蔡崇信，也几乎是在同样的情况下把自己"谈"进去的。

很多人认为马云是个"疯子"，喜欢"口出狂言"，也正因为马云的"早期形象"，有些人甚至还认为马云只不过是个"满嘴跑火车"的"骗子"。

面对上述五花八门的"名誉"，马云笑言说自己和阿里巴巴是一路被人骂过来的。2003年马云在接受《财富人生》访谈时说："被看作骗子的时候也是有的——我们可能是中国最早做互联网的，1995年中国还没有互联网时，我们就已经成立了一家互联网公司。别人觉得你在讲述一个不存在的东西。而且我自己学的不是计算机，对计算机几乎是不懂的，所以，当一个不懂计算机的人告诉别人有着这么一个神秘的网络时，大家听晕了，我也说疯了，最后有些人认为我是个骗子。我记得第一次上中央电视台是1995年，有个编导跟一个记者说，这个人看上去就不像好人！"

"那时候我在拼命地推广互联网，在最疯狂的时候大家开始'烧钱'。

别人一定会认为做电子商务的人只会烧钱，不会干事，所以那时候被当作疯子。”“现在是傻子——这两年我们非常执着，不在乎别人怎么看我们。我永远只在乎我的客户怎么看，我的员工怎么看，其他人怎么看我都不去理会。所以人家说你这个人特傻，人家都转型了，你为什么不转型！”

2003 年，对马云的形容概括成为一个新词汇——“三子登科”。这源于马云的自我形容：“八年前开始做电子商务网站的时候，别人说我是骗子；五年前拼命烧钱的时候，别人说我是疯子；现在如果还在做这个电子商务网，那是傻子。”

这似乎正好是马云创业历程的三部曲——骗子、疯子、傻子，看起来不同的历史阶段有不同的角色，但是，从总体上看，有一点是没变的，那就是马云的目标：“让商人通过阿里巴巴做生意。”正如王石回答“为什么要登山”一样，他说：“因为山在那儿。”

创业路上是否当过骗子——被人误解，当过疯子——狂热的激情，当过傻子——执着，最关键的是，你的目标是否清晰。正如马云所说：“创业者都是疯疯癫癫多一点，这种疯癫，正是来自于一种理想主义的、最具智慧的激情。”

创业的过程绝不可能是一帆风顺的，如果没有坚定不移的创业精神，没有执着的理想主义激情作为支撑，创业者很难在激烈的竞争中胜出。唯有保持持久的激情，甚至有点疯疯癫癫的执着，才能守得云开见月明。

毕业于解放军汽车管理学院、西安陆军学院的孙广信曾任乌鲁木齐陆军学院教官。1989 年转业后，孙广信创办乌鲁木齐广汇工贸实业有限公司，现任新疆广汇企业有限责任公司董事长、党委副书记、总经理，新疆广汇石材股份有限公司董事长。

在孙广信身上，你仍可感受到军人的正气和军官的睿智。他曾说：“对军人来说。没有拿不下来的山头，没有不敢啃的硬骨头。作战时只有攻其最弱，才会取得胜利。无论商场还是战场都一样。”从军 10 年是他生命中最重要、最宝贵的时光。孙广信将从军时形成的这种理念当作他创办企业最基础、最根本的东西。

回顾自己的创业史，孙广信感慨万千：“我的将军梦没有实现，我抱怨过、失落过，可是我在商场上的成功在很大程度上得益于我的 10 年军旅生活。”孙广信认为，他的成功并不是靠运气，从来没有天上掉馅饼的事，有一分努力才能得一分回报。

1990 年初，孙广信刚刚在新疆办起企业，还处于事业的起步阶段。那时候新疆有一个传统的观念，就是不能和民营企业打交道。孙广信发誓：“我一定要用三年的时间，让新疆接纳我。”在这样一种强烈、坚定信念的支撑下，孙广信获得了成功，赢得了大漠里的第一桶金。

激情创造事业，事业激发激情，没有激情的创业就是没有效率的创业。当你充满激情地创业时，你会感到浑身充满力量，总有使不完的劲；你会发现你的大脑是如此的聪明，你有那么多的智慧；你废寝忘食，你会发现你的效率是如此之高。这一切，都源于你的激情。

英特尔创始人、董事会主席安迪·格鲁夫在其著作《只有偏执狂才能生存》中写道：“这是偏执狂才能成功的时代，只有偏执狂才能生存！”作为一名管理者，最重要的是以偏执狂的姿态去思考事情，从而击败对手。

不可否认，创业者要想取得成功，是需要一点“疯狂”的。这种疯狂代表的是一种大胆的想象、坚定的忘我和专注的执着。把自己的主要精力和时间放在热爱的事业上，最终利用聚焦原则把能量发挥到最大，取得的效果也会最佳。马云的疯狂无疑就是这一种，这也是年轻的创业者应该从马云身上学习的一点。

执行力金句：

执行力是一个对终极效果的评价。从哲学的角度来讲，企业其实就是两个方面，一是决策，二是执行。推动企业发展，既要有正确科学的决策，更要有坚强有力地执行。

◆ 执行不能缺少激情

很多人都知道，阿里巴巴的创立是从十几个有激情、有理想的年轻人开始的，他们怀抱着创建一家伟大公司的梦想聚集到了一起。年轻的团队容易产生激情，但是更容易因为挫折而失去激情，尤其是做一件从未有人做过的事，其难度将会更大，将会有很多出乎意料的困难，显然，如果没有持久的激情，在这些困难面前，退却是很容易的事。

马云一直认为，短暂的激情是不值钱的，只有持久的激情才是赚钱的。阿里巴巴企业文化中关于“激情”的阐述是：“乐观向上，永不言弃；对公司、工作和同事充满了热爱；以积极的心态面对困难和挫折，不轻易放弃；不断自我激励，自我完善，寻求突破；不计得失，全身心投入；始终以乐观主义的精神影响同事和团队。”

阿里巴巴内部经常会出现“裸奔”的场景，这是阿里巴巴员工们在用特别的方式庆祝业绩上的提升，展现自己的工作激情。一次，在淘宝交易额超过目标值时，某部门员工在部门经理带领下愉快“裸”奔，男生脱掉上衣，甚至只剩下一条裤衩。一位“销售冠军”在一个寒冷的冬日跳入湖中游了两圈，因为他和马云以年终业绩打赌，而他只因毫厘之差失败了。

每次阿里巴巴举行宴会等活动，总能看到管理层的人“群魔乱舞”，但同时员工的情绪也被最大地调动起来。

有一次在阿里巴巴的庆功会上，马云一会儿扮成维吾尔族姑娘，一会儿又扮成江南小城的普通渔夫；而阿里巴巴的首席财务官蔡崇信，这个被认为不好说话、极其严肃的人，曾穿上女人的丝袜、在众目睽睽下跳起缠绵的钢管舞……

马云说："激情来得快，去得更快。你可以失败，但你不能放弃。激情是可以传递的。这样一来，整个公司的氛围就变好了。"马云和阿里巴巴的员工靠着这种在外人看来近乎疯狂的激情，形成了强有力的团队凝聚力，大家向着共同的目标大踏步前进。

有人做过这么一个实验：将一只最凶猛的鲨鱼和一群热带鱼放到同一个池子里。然后用强化玻璃隔开。最开始的时候，鲨鱼每天不断冲撞那块看不到的玻璃。它试了每一个角落。每一次都用尽全力，但每次都弄得伤痕累累，有好几次甚至撞破出血。鲨鱼的激情持续了很久，可每当玻璃出现裂痕，实验人员马上加上一块更厚的玻璃。后来，筋疲力尽的鲨鱼不再冲撞那块玻璃了。再后来，实验人员将玻璃取走，但鲨鱼完全没有反应，每天仍然在固定的区域游着，它已经失去了最初的激情。

以下是马云在"赢在中国"中的一个点评：

马云：谢谢董冰。我简单地提三个问题。第一，为什么是电动车；第二，为什么是苏州；第三，组织员工学习三个小时，在学什么？

董冰：我先回答第一个问题。因为电动车行业尽管被打压，但是它仍然顽强地依靠市场推动力发展支撑，真正有市场、有生命力的东西一定不是靠扶持发展起来的，而是靠市场需求生存的，再加上我们的技术能够深入到这个行业，所以我选择了电动车行业。

其次，为什么选择苏州？有两个理由，第一是因为苏州的电动车保有率非常高，如果我在苏州做不成功，证明我无能。第二是因为我在苏州没有任何可以利用的关系，如果我能做成功，就说明我们的模式能够复制到全国。

第三，三个小时学什么？我以我的团队为荣、为傲，但是不得不告诉大家，我们所有人，除了我以外平均学历只有初中。很多人来自大山里，我举一个最简单的例子，我要求我的店长很短时间内培养起来人，如经过十天左右的培训，他已经能够做到抬头挺胸，穿着我们的工作服走进五星级宾馆的大门。这就是我们的培训。我们让所有的人以这个为荣，只有这样才能做强做大。

马云：董冰，我非常感慨，你这样的项目是《赢在中国》更需要倡导的，点点滴滴做起一个小店，小企业要有远大的理想，我看到了这个远大的理想。但是我觉得你的激情也不错，我的建议是短暂的激情是不值钱的，只有持久的激情才是赚钱的，而激情不能受伤害。

尤其你的员工在上班非常累的情况下，要再学习三个小时，这很好，但是一个人的体力会消耗掉的，学习无处不在，要从听，从看、从刻苦中学习，你要在这儿做调整。

激情来自于人们对事物的强烈兴趣，创业者的激情包括对事业的激情、对人的激情和对企业目标的激情。激情是催人奋发的力量，它能点燃我们创业所需的动力。在对成功的追求上，我们不仅需要激情，还必须坚持激情。

已经创立30多年的软银投资过约800家互联网中小企业，在过去10年中的投资回报达9倍之多，是网络行业中全球投资回报最高的企业。孙正义说他投资的互联网企业中有100家破产了，但是绝大多数生存了下来，相当一部分如阿里巴巴、雅虎等更是取得了超级成功。在他看来，成功的企业与失败的企业相比，除了一部分运气以外，主要的区别在于管理层是否具有创业激情。那些成功的企业凭借创业激情，总是能够吸引人才，找到解决问题的方案，渡过难关。

孙正义的这一看法，也是他自己创业以及支持他人创业的经验之谈。他说，自己创业的方式是先有激情，然后设立愿景，最后确立战略。他现在的目标是成立全球最大的移动互联网企业，亚洲第一的互联网企业。互联网行业的技术变迁是如此之快，几乎无法预知将来会出现什么样的变革，但是他用激情、意志不断挑战自己，终于带来了累累硕果。

有些人刚创业的时候激情万丈，可是一旦遇到一些挫折就立即萎靡不振了。这种短暂的激情是不值钱的，将激情延续下去才能点燃成功的火焰。有了激情，才有干劲，才有强烈感染力，才有解决问题的魄力和方法。

创业者的激情一般都来自挑战，大多数创业者总是乐于寻求富有意义的挑战，希望做的事情能够挑战自己的能力极限，从而令自己充满激情。如果希望将激情永久地保持下去，就需要不断调整自己的目标，在一次次应对危机的过程中锻炼自己的能力，让自己在竞争与挑战中不断提升。

执行力金句：

执行力的强弱和我们的工作效果息息相关。执行力的强弱，不仅体现管理能力的高低、决定着发展速度的快慢，同时也决定着发展质量的好坏。执行力强工作就有成效，执行力弱就一事无成，影响企业的威信和形象。

第七章　管理，造就执行力

企业管理者是公司的高层领导，看问题和想问题的思路就是公司的“顶层设计”。要想员工高效执行顶层设计，就一定要提出明确的工作要求，制订好时间表、路线图和工作台账，定期按照要求对员工执行力进行分析研判，让既定的工作要求来督促员工自觉高效地开展工作。

◆ 有执行力才有领导力

执行力的落实不在员工，而在管理者的身上。执行力越强，领导力就越强，执行力成就企业的领导力。可以说，企业执行力的高低是评价领导力好坏的最好标准。

论智慧，论领导力，论影响力，马云与其他企业家相差无几。如果不是他的远见和分享精神，谁能想到一家独创新模式的电子商务公司，一家只做“小商人”的“小生意”的公司，能够一上市就市值数百亿美元，成为今天中国互联网企业的领跑者。

成大事者都是有远见的人，因为只有把目光盯在远处，才能有大志向、大决心和大行动。那么，远见是什么呢？美国作家乔治·巴纳说：“远见是心中浮现的将来的事物可能或者应该是什么样子的图画。”

诚然，未来是没有办法保证的，但是有了理想和远见，成功的概率就会更高了。马云正是拥有远见并且能够将梦想变为现实的人。

2014 年 3 月 18 日马云在北大百年讲堂技术论坛上说：“我们一直问自己，十年之后中国会发生什么事情？我们能够做什么？对未来的判断，是我们这些人做的事情。CEO 的主要任务不是寻找机会，而是对机会说 NO。我只能抓一只兔子，抓多了，什么都会丢掉。”

2008 年 3 月他在湖畔学院的讲话中又说：眼光就是一种远见，但怎么去理解远见？我自己也在思考。很多人觉得一个优秀的领导者，是要看到未来美好的东西。

但这是一种动态的平衡。所谓美好的东西，是要在别人低落的时候看到美好的东西，在人们骄傲的时候你要看到灾难的到来，要把握这个平衡。

什么时候你要讲好，什么时候你要讲坏，这是一种眼光、一种远见。就像一名优秀的船长，他要能告诉大家，什么时候有风暴要来了。这是他的远见。我觉得在不同的角度上，你都要比别人看得更远、更宽、更长、更独特。这才是最关键的。

商鞅变法是被人恶骂的，王安石变法的时候也被恶骂，但正是由于商鞅变法，秦国发生了变化，由于王安石变法，宋朝发生了变化，后面的时代也发生了变化。

看待一个历史事件，我们要从长远的眼光来看。

只有将视野、视角放得更宽、更远、更深、更独特，你才能抓住这个机会。大家都看得到的东西，凭什么你有机会？所以我觉得一个领导者，读万卷书不如行万里路。我周游全世界的时候，觉得自己实在是太渺小了。

我们还以为自己很牛，在自己的办公室，在自己的同事、员工和家人面前，觉得自己很厉害，但是再走远一点看看呢，在世界上你微不足道。

我是到了伦敦的格林尼治天文台才真正明白我是多么的渺小，宇宙是多么的浩瀚，地球像个灰尘根本找不到，地球都找不到，更别说人啦。你要想到这些问题，你就有了远见。

根据专家过去20年的观察，所有有成效的领导者，都有预见他们必须完成某件事情的能力。这种远见变成了活力，强力推进他们冲破所有难关，赢得最终的胜利。

正如马云所说：“阿里巴巴可以赚钱的道路实在太多，我现在不想赚这点小钱，因为现在信息应用是免费和共享的。我们讲过一个例子，你现在在跑马拉松，路边有很多牛奶和汽水，你是边喝边跑，还是喝饱再跑？

等你拿到冠军以后，你的奖金可以买50吨、100吨牛奶。你要有自己的加油速度，你要知道自己的体力。”

2000年，中国台湾地区的笔记本电脑总销量约为1200万台，占全球比例达51%以上，已稳居世界第一的宝座。但是在拉大与第二产出地日本的差距后，危机逐渐显现，主要的危机之一是数量虽然大幅增加，可是获利水平直线滑落。这种情况，不只是小厂的问题，连广达、仁宝等大厂也难以幸免。这当然和高科技产业的产品生命周期短有关，然而，更重要的原因是众厂商打价格战，使价格持续下跌，利润自然也会大幅降低。

为了免于陷入长期的恶性竞争之中难以自拔，众厂商亟思转型脱困的良方。其中动作最快、最积极的应属广达公司。

广达公司以笔记本电脑起家，一向获利丰厚，曾创下每股获利28元的纪录，一度成为股王。然而在激烈的市场竞争下，广达公司获利虽仍居同业之冠，但也缩水不少。见此情形，董事长林百里开始移转业务重心。

广达公司的转向是多方面的，除了涉足无线通信及手机领域之外，开始朝液晶台式电脑、液晶显示器及主机板业务发展。在林百里的领导下，广达公司上述改变只花了一年多的时间，因此外界无不啧啧称奇，都认为不可思议。林百里也因此被称为“鬼才”“怪才”“奇才”。

林百里说：“高科技产业竞争的是速度，慢一步可能差十年。所以，领导者除了和竞争者比销售量规模、营业收入增长和获利之外，还要比自身的能力，比‘应变能力’和‘危机管理’的能力，千万不可陶醉于眼前的成就，更不可被胜利冲昏了头脑。

应变能力和危机管理的能力，它们都是执行力的重要组成部分。在迈向知识密集型的时代，假如领导者不能虑及、思及未来三五年，甚至十年后可能的变化，就要准备被淘汰出局！”

个人执行力的强弱取决于两个要素——个人能力和工作态度，能力是基础，态度是关键。所以，要提升个人执行力，一方面是要通过加强学习和实践锻炼来增强自身素质，而更重要的是要端正工作态度。个人执行力是指一个人获取结果的行动能力。企业老总的个人执行力主要表现在战略决策能力；高层管理人员的个人执行力主要表现在组织管控能力；中层管理人员的个人执行力主要表现在工作指标的实现能力。

执行力金句：

执行力对一个企业的生存和发展具有重要的现实意义。否则，即使把目标定得再高，措施计划订得再好，如果没有具体落实到行动上，缺乏对安全生产的责任意识和忧患意识，缺乏到位做实，不执行或执行不力，那么，所制订的措施计划就无法执行到位，所定的目标就根本无法实现。

◆ “近视”的人永远做不大

有调查显示，在美国，学工商管理的人成为大企业家的很少，但从西点军校出来的人，成为大企业家的有很多，原因是做生意不是只靠读读报表和财务数据，而是靠一个人的胸怀、一个人的坚韧、一个人的眼光和一个人想要改变世界的执行力。

千军易得，一将难求。一个卓越的企业领导者应该具备哪些素质？优秀的思想品格，独特的领导方式，良好的心理素质……这些都与领导者的眼光与胸怀息息相关。因为，领导者最重要的两个任务就是决策和用人，而决策和用人都需要眼光和胸怀。

2007 年 8 月马云在“湖畔学院”讲话中说：“近视”的人永远做不

大，眼光长远的人胸怀才会大。对于每一位管理者而言只有你手下的人超过你，你才能成长起来。

公司希望拥有各种各样的人才，各种各样的性格和脾气都有，这才是一个优秀的公司。如果公司里所有人都一样的话就麻烦了。动物园里面的动物都是不一样的，才有人看，如果都是一样的，全是牛或者全是马，那是养殖场。我们不需要养殖场。

身为领导者，你要有胸怀，能包容各种各样的人，允许你的手下比你强，否则，你一定不是好的领导者。

比尔·盖茨的计算机技术比手下工程师的水平高？不可能！泰森拳头硬还是教练拳头硬？估计泰森一拳教练就飘出去了！乔丹的教练球都不会打！这就是胸怀。你要有一种差异化的竞争，你要拥有其他人没有的。

还有一个，技能很强的人，有能力的人一般都很怪的，所以我想告诉大家绝大部分能力强的人都是偏执狂，都是古怪的。如果这个古怪的人不能把心胸打开，那么他永远不能成为真正伟大的领导者。我们这些人，走M系列（阿里巴巴员工发展序列，一条是P专业序列，一条是M管理序列）的人，甚至说到最后变成专业管理者的人，都要有胸怀。

我希望阿里巴巴的领导者有眼光、胸怀、实力。有眼光、没胸怀的人就像是周瑜，那会被诸葛亮气死的，会被自己气死的。

你说你恨死下面的人，下面的人都是饭桶，我告诉大家，阿里巴巴给你的就是饭桶，你们的职责是把他们变得不是饭桶。三年以后他们还是饭桶，你就是饭桶！本来大家都是平凡人，三年以后，这帮人还是饭桶，那是公司的失败，更是你的失败，因为你没有把他们变成优秀的人。

在马云看来，“外行是可以领导内行的，关键是要尊重内行”。马云原本是英语老师，就技术层面上说，对于电子商务他是个十足的外行。

但是从管理层面上来说，领导本身就不是搞具体技术的，他只要关注战略即可。

马云从来不跟工程师争论技术细节。这是因为，马云在技术上先天劣势。在工程师面前，马云和客户的地位类似。马云对自己的工程师解释说："之所以不吵架，很重要的一个原因是没法吵架。你跟我说什么系统、软件，我搞不懂，但是有一项东西你必须搞懂：按照客户的需求去做。我代表着中国 80%的不懂电脑的人，客户的需求就是我的需求。"

但是，有些矛盾是不可避免的，这个时候，马云有自己的解决之道。

第一，换位思考，重视双方理解和尊重的意义。在手段上注重技巧性。他推崇美国前国务卿鲍威尔的做法。鲍威尔曾说，假设向你报告的人不按你所说的去做怎么办？一是重新培训；二是调离；三是开除。马云说："你不这么做的话，其他人会觉得泄气，心想：'我们干得累死，不干活的什么事没有。'这样的话你的东西就会执行不下去。"

第二，马云强调领导者要有宽容的心态，要有胸怀。"男人的胸怀是冤枉撑大的。你对你的下属、员工、团队要包容。合作不是一天两天的事，如果你是对的，那么永远有机会去证明。"宽容和妥协，是马云的特色。

第三，马云认为领导者要有抗压的实力。"你抗击失败的能力比他强。一块砖头掉下来，别人挨一下就倒了；你挨了一下，一点反应都没有。这就是优秀领导者的基本条件。一个优秀领导者的素质就是眼光、胸怀和实力。"事实上，马云本身在抵抗挫折、忍受压力方面就有过人之处。并不是每个人都能有那么多次经受挫折的经历。

事实上，一个企业管理者的成功，主要靠做人，而做人不外乎三点：眼光、胸怀、实力。眼光有多远，胸怀有多大，实力有多强，你就能做多大的事。

胡雪岩讲过："生意越来越难做，越难做越是机会。关键是眼光看多远，眼光看一个城市，你只能做一个城市；眼光看到全国，你就能做全国；眼光看到海外，你可以去海外发展。"一个人要做到"有眼光"就得坚持"读万卷书，行万里路"，要不断为自己"充电"，如果你总是把自己局限在一个很小的环境中，你的眼界就高不起来，如果你能够在更广阔的世界里开拓自己的见识，那么你就能够真正具备一种宏观的视野，真正能够在更高的层次上开创自己的事业。一个人的胸怀是委屈撑大的。胸怀的宽广，对于一个人的成功来说十分重要，如果一个人有眼光却没胸怀也不能成就大事。如果说一个人仅有唯一可能拥有的长处，那应该是比别人能够容纳得多一点。世界美妙的是可以看到各种各样的人，尤其在公司里面，你带着欣赏的眼光看别人，你怎么看怎么顺眼，你要讨厌一个人的时候，你怎么看怎么不顺眼。

一个人立足于世根本的还是靠实力。实力是精神力量与物质力量的结合体，我们生活中所做的努力无不是为了提高自己的实力。实力的积累是一个渐进的过程，关键是要有明确的人生目标和持之以恒的心灵力量。实力是在失败的基础之上积累而成的。每一次失败都是为你的实力提升添加一块砖瓦。

一个人不论身处何时何地，都应该将眼光、胸怀与实力作为一种人生追求。这样才能在事业与生活中一路向前，达到梦想的彼岸。

执行力金句：

企业应组织建立好正常的管理秩序和生产秩序，这是提高执行力的基础。这样，企业的日常生产工作才能得以有条不紊地开展，工作效率和执行力才能得到提高。

◆ 管理要有思想

2005年，阿里巴巴已经拥有500万家中小企业会员，每天营业额100万元；后来，阿里巴巴每天利润100万元；现在，阿里巴巴已经实现每天缴税100万元。阿里巴巴的成长速度十分惊人。

那么，阿里巴巴的成功秘诀在哪里呢？

一个优秀企业是管理出来的，优秀员工是管理出来的，优秀的商业模式也是管理出来的。马云认为，管理一家企业，八个字最关键——开放、透明、分享、责任。他说，假如你的管理做不到这些，你的企业一定很难长久发展。

现代企业最高层次的竞争已经不再是人、财、物的竞争，而是文化的竞争；企业最先进的管理思想是用企业文化进行管理。所有企业管理者都必须明确一点，你有几流的企业文化，你就有几流的追随者；你有几流的追随者，你就有几流的企业。因此，企业管理者应注重企业文化的建设和价值观的塑造，最明智的管理者一定是具备将企业文化融于员工血液的能力的人。只有建设一流的企业文化，企业才能引来和留住一流的人才。在阿里巴巴，管理就是靠价值观、文化和使命感，而且马云希望能靠这些东西，让企业存活102年。

在管理过程中，我们过去常常过多地强调“约束”和“压制”，事实上，这样的管理往往适得其反。因为树立的规矩越多，管理成本就会越高，而且不能充分调动人的积极性。聪明的管理者往往会在“尊重”和“激励”上下功夫，了解员工的需要，并满足他们。只有这样，才能激起员工对企业和自己工作的认同，激发员工自我控制，变消极工作为积极工作。

2013年4月，马云在出席“深圳IT领袖峰会”时有个演讲，他说：

大企业要有小作为，小企业要有大梦想。我们每个人都应该思考如何把自己的想法变成现实。大企业瞬间的小动作可能会影响企业未来的发展，甚至影响社会变革。今天的IT界，互联网界存在一个巨大的问题，那就是动不动就爬到屋顶上讲大产业、大行业发展。

IT业发展到今天，不缺技术与思想，缺的是把这些东西变成现实。今天很多人用着IT的技术、思想，但是管理水平和思想仍旧停留在20世纪。所以才出现如今IT做电子商务还在杀价，还是拼价格而不是拼价值。假如思想还停留在20世纪甚至五年、十年前，企业是不可能再活下去的。

这四五年，我参加了无数个IT、互联网论坛，很遗憾，我听见最少的东西是如何从组织、文化、人才上管理好一个IT企业、一个互联网企业。决定一个生态系统的不是老虎、狮子和大象，而是微生物，决定一个公司的是你的基础员工招聘，从点滴做起、从自己做起、从你招聘的人做起，你才能从梦想回到现实。很多企业倒下去不是缺乏创新，不是没有人才，而是缺少管理思想。

出色的管理者注重培养员工的自我管理意识，使他们成为能够自我管理、自我激励的人，而不是每天督促他们完成自己的工作。正所谓，真正的管理就是没有管理。

“做软件，到微软”是微软中国研究开发中心工作人员引以为豪的一句话。去微软做软件，可以说是每一个软件从业人员梦寐以求的事。因为除了过硬的技术外，微软能为自己的员工提供最大的实现自己创意的空间，能使员工的自我发展和自我价值得到最完美的体现。

微软的企业文化强调充分发挥人的主动性，要求员工有很强的责任感，同时给他们做事情的权力与自由。简单地说，微软的工作方式是“给你一个抽象的任务，要你具体地完成”。

对于这一点，微软中国研发中心的桌面应用部经理毛永刚深有体会。毛永刚说，1997年他刚被招进微软中国研发中心时负责做Word。当时他只有一个大概的资料，没有人告诉他该怎么做。该用什么工具。和美国总部交流沟通，得到的答复是一切都要靠自己。在研究中心，没有硬性规定测试的程序和步骤，完全根据研发人员自己对产品的理解，考虑产品的设计和用户的使用习惯等来发现新的问题。这样，员工就能最大限度地发挥主动性，设计出最令人满意的产品。

微软是家公平的企业，这里几乎没有特权。正是这种公平和富有挑战性的工作环境，促成了微软员工对工作的极大热情，这种热情就是微软最有效的管理工具。这使得微软始终保持高速运转的势头，占据着最有利的竞争位置。这成就了微软的卓越。

员工的自我管理是企业发展的源泉。企业管理者只有变强制管理为自主管理，创造一个能够让员工自我管理的企业机制和文化环境，才能激发员工的主动性、积极性，让员工为企业创造更多的利润。

执行力金句：

企业要适应当今社会快速稳定发展的高要求，加强对员工心理、业务、文化等综合素质的培养，为提高全员执行力奠定素质基础。

第八章　团队，凝聚执行力

对管理者而言，团队的成功才是真正意义上的成功。俗话说得好，一群由狮子领导的绵羊可以战胜一群由绵羊领导的狮子。可见执行力和团队合作精神是如此重要。阿里巴巴关于员工的团队意识锻造可圈可点。

◆ 用“猎犬”不用“野狗”

一个企业要想提高执行力，关键要打造一股高效执行的“凝聚力”。反映在企业经营上，要想提高企业的整体执行力，就必须打造企业的高效执行“团队”。知识经济时代，很多企业的规模越来越大，但执行效率却越来越低。为了提高执行力，组织变革是必要的，而变革重在赋予每个人机会，让他们充分发挥出自身潜力。越来越多的企业认识到，答案就在“团队”上。

一直以来，马云把团队成员分成三种类型。第一类是在阿里巴巴公司的平时考核中，业绩很好，但价值观很差的。他们每年销售额特别高，但根本不讲究团队精神，不讲究质量服务，这一类人属于“野狗”，留在团队中会造成极大的伤害，必须开除。

第二类是那些价值观很好，为人热情、善良、友好，但业绩永远好不起来的，称之为“小白兔”。这一类也要离开，毕竟公司不是救济中心。不过“小白兔”在离开公司三个月后，还有机会再进阿里巴巴，只要他能把业绩搞上去。“野狗”则没有这个机会了。

第三类是阿里巴巴最需要的人才，即业绩好、价值观同样好的猎犬型人才。在阿里巴巴，“猎犬”是最受欢迎的，不仅会得到公司重用，而且在被“确诊”为货真价实的“猎犬”，进入管理层的“法眼”后，还有机会接受最好的培训，成为公司的好苗子。

马云严厉对待团队中的“野狗”，同时也为此制订了严格的员工守则，他说：“善待犯错误的人，是对的，但是绝不放任那些‘野狗’破坏团队，破坏公司利益，对这些人绝对不容忍。所以在具体规章制度方面，阿里巴巴有许多硬性规定：不能作假、不能作弊、不能欺骗客户、不能夸大服务，不能给客户回扣，不能为客户垫款。”

为什么要杀掉“野狗”？“野狗”的业绩非常好，但不讲团队精神，不讲质量服务，这些人短期来看很有用，但是长期来看，会对团队造成严重伤害。

公司中业绩好、价值观也好的人被马云称为“猎犬”型人才。那么，具体什么样的人才是“猎犬”呢？对于马云来说，“猎犬”型人才需要具备如下几个条件。

第一，诚信和热情是员工最基本也是首要的素质。这种品质之所以重要，是因为它对一个人来说有就是有，没有就是没有，而没有是很难培养的。

第二，员工要乐观上进，健康积极，有朝气，对互联网行业充满兴趣与激情，渴望成功。

第三，员工要有适应变化的能力，具备较好的专业素养和职业修养，善于沟通协作。

第四，员工要富有学习的能力和好学的精神。

马云对于阿里巴巴的“猎犬”，设置了很严格的招聘程序。马云认为，对于进入公司的人才，阿里巴巴要对他们负责，如果简单地招进来，不满意就解聘，那么给这些人带来的不仅是经济成本的损失，还有机会成本的损失。

阿里巴巴把招聘猎犬的流程分为以下四步。第一步是海选简历，这是为应聘的人才设立的一个门槛——填写简历后必须进行一个快速测试，只有通过者才能有效提交简历；第二步是校园宣讲，但因为这些投简历者没有经过快速测试，因此录取比例比较低；第三步是笔试；第四步，由业务主管、人力资源部门和事业部总经理对通过海选和笔试的人员进行面试。

只有通过这四道程序的人，才能最终加入阿里巴巴团队。

2000年，金庸给马云题了一幅字："善用人才为大领袖要旨，此刘邦刘备之所以创大业也。愿马云兄常勉之。"马云将它挂在办公室前面的墙上，以警醒自己。

马云重视用人，并坚持务实原则，讲究实用主义。对于能力强但缺乏配合精神的人，无论其业绩多好，都要坚决清除；业绩差的自然会被逐渐淘汰；只有可塑造、肯上进的普通人，才是阿里巴巴需要的人才。

2009年末，阿里巴巴集团董事会主席马云现身新华社，与青年编辑记者进行一场"开放的沟通"。这让很多人近距离感受到了这位被年轻创业者捧为"创业教父"的魅力。他的激情、智慧、幽默，还有招牌式的"张狂"以及新华社青年编辑、记者的精彩提问让这次交流高潮迭起，掌声不断，笑声不断。他讲的题目是"CEO的本事就是会用别人的脑袋"：

2001年，阿里巴巴有个决定生死存亡的讨论，我们称之为"遵义会议"。在这次会议上，我们决定了将来要走哪条路。当时我们收不到钱，公司就争论到底要不要给回扣。最后我们决定，不给回扣。

三个月后，我们最优秀的两个销售人员给了回扣。开还是不开？当然开。如果有一个销售员工业绩非常好，但他的价值观很差，团队合作很坏，不讲诚信，我们称之为"野狗"，当即开掉。

另外有一种人，很友好，乐于帮助人，但是永远没有业绩，这种人我们称之为"小白兔"。这种人，留不留？如果是野狗，机会不能给，但小白兔是要给机会的，但是给了机会还不行，那就要请他走。

我们公司还有一个听起来比较古怪的制度，就是末位10%的淘汰。我们淘汰自己，竞争淘汰我们，社会淘汰我们。

有一个员工给我写了一封信，说我们公司不讲究民主，不讲究人的自由。为什么，他说你们考核价值观了。我就问，第一，在加入我们之前，一定告诉过你，我们是要考核价值观的，而且我们一考核就是八年，你可以选择来或不来。第二，你进来以后觉得价值观没意思，你还是可以出去。到今天，阿里巴巴一万八千多员工进进出出，我没有留过一个人。

在用人上，马云有自己的判断和标准，但前提都是对企业负责、为公司未来发展考虑，如果你不是他需要的人才，他就一定不会选择你，而一旦选择了你，就会不遗余力地培养你。对于雇用的人才，阿里巴巴采取的是“请进来、送出去”原则。“送出去”就是与一些 MBA 学校和培训班建立合作关系，把员工送出去学习。2004 年 9 月 10 日，阿里巴巴成立了自己的“阿里学院”，这样做的目的就是要让每一个人才在阿里巴巴实现增值！当然，阿里巴巴也会同时得到增值！

执行力金句：

沟通就是生产力，沟通是管理的灵魂，有效的沟通决定管理的效率。在我们的实际工作当中，加强沟通显得至关重要，如果沟通不好，则往往容易产生各种各样的不良后果。

◆ 阿里可以无马云，但不能没有团队

狼群在捕猎时之所以能执行到位，除了头狼的威严之外，还有一个很重要的因素：狼群有自己的执行体系——在捕猎之前狼群会进行沟通和交流，捕猎后头狼会根据每条狼的捕猎贡献进行合理的食物分配；如果狼群中的某条狼在捕猎时没有执行到位，那么它将会受到惩罚。只有这样，整个狼群在执行任务时才会奋勇向前。

其实一个企业也是如此，要想让全体员工都有执行的动力，就须具备自己的执行体系。当然在人类社会里，这种执行体系就是一种执行文化。一个企业有没有执行文化，执行文化的好坏，将直接决定企业执行结果的好坏，同样也决定着企业的发展态势。

阿里巴巴曾有令互联网同行羡慕不已的梦幻“4O”组合：CEO（首席执行官）马云、COO（首席营运官）关明生、CTO（首席技术官）吴炯和 CFO（首席财务官）蔡崇信。马云和蔡崇信在阿里巴巴刚创立时结识；关明生于 2001 年 1 月加盟阿里巴巴，他曾在 GE 等世界 500 强企业中担任要职；2000 年 5 月加入阿里巴巴的吴炯，则是雅虎搜索引擎的发明人。

四个聪明人凑在一起，人们并没有看到别的网络公司高层常有的动荡与纷争，阿里巴巴始终坚定地向一个目标挺进，原因何在？因为马云要求每一个员工既有能力，又能坚持公司不变的愿景、使命和价值观。

如果说早期创业时的李琪和孙彤宇是马云的左膀右臂，那么，蔡崇信和关明生则是阿里巴巴能将辉煌持续到现在的关键人物。

蔡崇信的到来，使阿里巴巴真正开始了规范化运作。阿里巴巴刚成立不久，蔡崇信便放下 70 万美元的年薪，投奔马云，每月只拿 500 元人民币的薪水。在湖畔花园，蔡崇信和第一批员工讲股份、讲权益，拿出 18 份完全符合国际惯例的英文合同，让马云和“十八罗汉”签字。

如果没有蔡崇信的加入，阿里巴巴会是一个家族企业，会一直以“感情”和“义气”来维持团队。蔡崇信将阿里巴巴做成了规范公司，并以正式合同的形式，将最初的创业团队绑在了一起。这是至关重要的一步，因此阿里巴巴能将最初的创业激情和团队文化一直维系下去。

关明生在 2001 年年初加入阿里巴巴。当时因为遭遇互联网寒冬，阿里巴巴前期的全球扩张留下了烂摊子，这是阿里巴巴在成长期遇到的最大困难。关明生到来后，执行 B2C，拆除海外分公司，收缩全球市场，并以强力的手腕裁掉大批员工。

关明生对阿里巴巴最大的贡献在于，将马云最初提到的团队文化和创业精神发挥到极致，使得马云逐渐成为阿里巴巴的“精神领袖”。

李琪和孙彤宇是做管理和销售的，这两个方面当然也很重要。但对于任何企业、组织来说，思想文化才是关键。在阿里巴巴，如果没有武侠文化、笑脸文化，没有淘宝的倒立文化，没有阿里巴巴这支拥有超强战斗力的团队，管理和销售做得再好，也只可逞一时之强，无法一直坚持下来，创造今天的成就。

管理和销售是可以替代的，而文化、团队和耐力是很难被复制的，而这正是阿里巴巴成功的关键。对于阿里巴巴企业文化的体系化、丰富、持续、发扬，关明生和蔡崇信发挥了重要作用。

2003年，马云在接受《财富人生》节目访谈时说：当企业的整个内部文化形成后，你的员工就很难被挖走。其实就像在一个空气很新鲜的土地上生存的人，你突然把他放在一个污浊的环境里面，工资再高，他过两天还是会回去。

我是个浪漫主义者，创办这个公司时，我希望它是一个世界级的中国企业，我把中国企业跟国外企业比较以后发现，中国企业很少宣讲使命感、价值观、理想、共同目标，而国外企业讲得最多的就是使命感和价值观。所以我常说，天下不可能有人可以挖走我的团队。

收入和理想你都得要有，软硬两手抓——光讲收入的话，人家一定能把你的员工挖去；光讲理想，一开始可以，后面大家饿了，还是走了。所以你在从讲理想到实践的过程中，要确保收入也是每年在提高。

或许阿里巴巴以后还会遇到很多风险和困难，但是现在，马云并不孤独，他拥有一群志同道合的同行者，伴随他走过难忘的风雨征程，正是这些和马云有着共同梦想的创业者们推动着阿里巴巴不断发展和壮大。

马云的团队曾经跟他从杭州到过北京，他们在开始的 14 个月里做得非常出色，但之后方向不一样了，大家就变得很痛苦。马云决定回家，其他人都很震惊。马云给了他们三个选择：第一，去雅虎，有马云推荐，雅虎一定会录用，而且工资会很高；第二，去新浪、搜狐，同样工资也会很高；第三，跟马云回家，只能分 100 元人民币，住的地方离马云家五分钟的路程，自己租房子，必须在马云家里上班。马云给他们三天时间考虑。这些人出去三分钟后又都回来了，他们告诉马云，同意跟他一起回家。

在北京 14 个月，他从来没带这些人玩过。一天，他对大家说，再过两个星期，他们要离开了，大家去长城玩一趟。就在长城上面，马云和同伴大声说，一起回去，从零开始，建一个他们这辈子都不会后悔的公司。

这支在困难中仍对马云不离不弃的团队，成了他在创业道路上最有力的支柱。平时，马云说到他们的团队时总是自豪之情溢于言表，他说自己是个非常幸运的人。在他深陷困境的时候，总能遇到好人。

2007 年 12 月 1 日，阿里巴巴团队获得“2007 年最聚人气团队奖”，马云作为代表上台领奖时，发表了获奖感言：“阿里巴巴可以没有马云，但不能没有这个团队。八年来，我们承受了各种各样的压力，但是团队给了我很大的勇气，很多鼓励。”

执行力金句：

提高企业的执行力是企业员工共同面临的问题，需要广大员工共同关心、共同思考甚至共同抓的事情，同时也需要有组织、有措施、有步骤去抓，单靠几个人或个别部门去抓是达不到全面提高的目的的。

◆ 优势互补方能形成执行力

团队最大的好处就是互补性，领导有权威、有目标，有坚定的毅力；员工有能力，但是自我约束力差，目标不够明确，有时还会开小差。但是总的来看，这个团队是个非常成功的团队，虽然历经九九八十一磨难，但最后修成了正果。

马云自认为是与唐僧一样的领导，在他看来，一个企业里不可能全是孙悟空，也不能都是猪八戒，更不能都是沙僧。马云说，如果公司里的员工都像他本人那么能说，而且光说不干活，就会非常可怕。他不懂电脑，销售也不在行，但是公司里有人懂就行了。

2006年马云在北大光华管理学院演讲时说：

唐僧团队的组织目标十分明确，就是取经。同时，从某种意义上说，这个团队基本上是一个制度化的团队，虽说不算很完善，存在问题也极多，但基本能保证组织目标的达成。孙悟空是人才，但容易出格，就要用金箍将他管束住；沙僧老实，自我管理就行；八戒难成大事，只要让孙悟空管住他就行。这种制度体系虽然严重压制创新意识，但是对于取经这样一个特定的任务而言，却是一种比较好的选择。

在人才搭配上，唐僧团队也非常合理，唐僧没什么本事，但能把握大局，而且执着；孙悟空忠心耿耿，能征善战，适合打头阵；沙僧老实巴交，最适合做基础工作；猪八戒看似一无是处，但能讨领导欢心，调节气氛，这种人在企业中也不可或缺，何况他能在日常生活中照顾领导，关键时候也能帮上忙。此外，这个团队非常注意利用社会资源、人际网络，遇到困难还能请菩萨出来排忧解难、化险为夷。

马云认为，中国的企业往往是几年下来，领导者成长最快，能力变得最强。其实这样并不对，他们应该学习唐僧，用人用长处，管人管到位即可。毕竟企业仅凭一人之力，永远做不大，团队才是成长型企业必须突破的瓶颈。

我最喜欢的是西游记团队，唐僧、孙悟空、猪八戒、沙和尚，这些人很容易找。唐僧这样的人，能力没有多少，但目标很明确，就是取经。这样的领导你们单位有没有？有。

孙悟空是能力最强的，但是他的麻烦也很多，成功是他、失败也是他，这样的人你们单位有没有？也有。猪八戒就更多了，干活的时候能躲就躲，有吃有喝的时候来得最快。沙和尚呢？管它什么使命感、价值观，一天八小时打卡上班，挑着担就走。

这样的团队到处都是，这是生活中实实在在的团队。但就是这样一个团队，却经过了九九八十一难，取得了真经。

我这么总结：做人要像沙和尚，当领导要像唐僧，做事要像孙悟空，生活要像猪八戒。阿里巴巴从 18 个人发展到 1 万多人，我们越来越轻松。

每个人有优势也有劣势，如果几个人的优劣恰好相互补充，可以取长补短，那么，这几个人组成的团队将是一个完美的组合。

英国学者贝尔宾被称为“团队角色理论之父”，他曾提出过“阿波罗综合征”现象。即一个千挑万选的优秀团队，成员们的精力往往消耗在无聊的内耗或对团队目标没有帮助的争辩中，只为了说服其他成员接受自己的观点，或是攻击别人论点中的缺口，最后总体表现反而比不过一个“平庸”的团队。

某汽车公司的老板手下有三名销售员，他们各有长处，但业绩都不理想。老板就让培训师分析个中原因。

销售员甲交际能力突出。吃饭的时候，一见培训师就热情地打招呼：

“老师你好你好，来，喝酒喝酒。”这样的人跟人打交道不错，但是他的毛病很多，往往专注度不够，不能专心研究产品。

销售员乙敬酒时说：“老师，敬您一杯，我先干了。”培训师还没回过神。他已经干了，然后就不说话了。过一会儿问他：“你们公司的汽车究竟怎么样啊？”他把公司的汽车从发动机的性能、家庭的实用性，一直到它的装卸、所有一系列设备，仔仔细细说了一通，用专业术语使劲描述。这个人介绍产品厉害，但不太会与人打交道。

销售员丙一直话不多，给人的感觉是他很机械，但他的眼睛很犀利，虽然不怎么讲话，但他说出的每一句话都是关键，往往一语中的，极具杀伤力，基本上让人没有回旋的余地。这是他的本事，放在销售上，他就知道什么时候该下手让客户掏钱。

“这三个人。真是绝佳的组合。”培训师向老板建议，“很简单，千万不要让他们各自为战，单独销售，而是马上把销售分段化，不要去改正他们的缺点，你不要批评甲，你说话稳重点，把产品研究好；也不要批评乙，你学学和人打交道；也不要批评丙，你别老是那样子做销售，放开一点。你就让甲做一件事情，就是铺天盖地交朋友，反正他愿意和人打交道。头一次见面就是攀交情，下一次去的时候，把乙带过去，就说是公司的产品专家，负责介绍产品；还要把丙也带上，关键时刻敲定成交，他有能力促成交易成交。这种组合优势互补，简直是完美组合。”

好的团队其实是一群平凡的人做不平凡的事，所谓的精英团队反倒很难成就大事，因为他们将陷入个人英雄主义的泥潭。团队成员的优势可以相互补充，取长补短，这样人才标准降低了，成本降低了，效率却提高了。因此，让团队成员成分复杂点，都有一技之长，优势能够互补，这样才能真正形成执行力，成就大事。

执行力金句：

企业执行问题的产生，也有观点把其归结为要因地制宜、具体情况具体处理。这话从逻辑上说没有一点错，但真正的问题在于是否做到了“形散”与“神似”的统一。

◆ 没有阿里，你很不好

纵观当今中外市场，诸多企业中，为什么有着相似策略的企业结果却不同？为什么有着聪明才智的经营者，企业最后还是以失败而告终？为什么无数拥有伟大构想的企业成功的却是寥寥可数？

例如，市场上众多的咖啡店中只有星巴克做得比较成功，为什么在众多的超市中只有沃尔玛、家乐福能够成功？同样做PC机，为什么只有戴尔独占鳌头？所有那些失败的企业都有着不同的失败原因，所有那些成功的企业之所以成功也有着诸多的原因，但阿里巴巴有一点是相同的，这一点就是他们都拥有强有力的执行力团队。

2007年，马云在与“五年陈”员工的交流中讲道：阿里巴巴是一个团队，有你很好；没有这个团队，你很不好。你离开了，要去再找这样一个团队很难。

最近有人给我写了一封信。这人之前离开了我们，加入了竞争对手的公司。他说本来认为是一家很好的公司，没想到里面乌烟瘴气，他特别怀念阿里，怀念淘宝，问我他还能不能回来？很难了，我觉得加入对手的这种人，阿里巴巴永远不欢迎。

你想想看，你的同事、你的部门的人加入了对手，形势不好又回来了，这是放出什么信号？如果打败我们了，你说那个人还会回来吗？不会回来的。所以我想告诉大家，如果说你们去创业，或者竞争对手挖你，觉得你是从阿里巴巴出来的，对你的期望值非常高，其实你自己知道，这是整个团队带给你的。如果真要挖，那你把我一起带进去算了。

挖一两个过去，你说会不会有变化？会有变化，但是不会有根本的大局面上的变化。这是整个团队的配合，李琪（阿里巴巴原 COO）也好，Joe（蔡崇信，阿里巴巴集团 CFO）也好，我们这些人的配合，是经过这么多年练成的。我们每个人像螺丝一样的牢，这是一个团队，像拼版一样拼起来的。挖我们去都没有用，挖一个普通的干部员工去有什么用呢？

诺贝尔经济学奖获得者莱因哈特·赛尔顿教授有一个著名的鹰鸽博弈理论。假设有一场比赛，参与者可以选择与对手合作，也可以选择竞争。选择合作策略的结果是，可以避免对手之间浪费时间和精力的消耗斗争，可以像鸽子一样瓜分战利品；但如果选择的是竞争策略，那么双方必定会因为争夺战利品而像老鹰那样斗个你死我活，即使获得胜利，也会被啄掉不少羽毛。很多人担心双赢的态度会让自己吃亏，但实际上正如你对镜子笑镜子才会对你笑一样。双赢的合作态度是可以相互感染的。

在团队中，如果没有其他人的协助与合作，任何人都无法取得持久的成就。当两个或两个以上的人联合起来，把工作建立在和谐与谅解的基础上之后，这个团队中每一个人的成就都会倍增，能力也会相应地提高。

释迦牟尼曾问他的弟子：“一滴水怎样才能不干涸？”弟子们面面相觑，无法回答。释迦牟尼说：“把它放到大海里去。”一个人再完美，也只是一滴水；团队就是大海，一个人只有融入团队才能最大限度地发挥他的潜能，实现他的价值。如果工作中我们只会自己埋头单干，不懂得依靠团队的力量，那么我们的忙碌很有可能只是低效率的蛮干。

在市场竞争中，有冲在市场一线的销售人员，有在后方从事产品研发的技术人员，也有从事制造的一线工人。产品是生产部门生产出来的，却是市场部门销售出去的；生产部门是需要“花钱”的部门，市场部门是“挣钱”的部门。生产的资金需要市场部门从市场赚回，但市场部门销售的商品需要生产部门提供。生产与销售，有如后方与前方，又如军队的保障与作战，是不可或缺的。正是这样一个完整的链条，构成了企业参与竞争的基础。

马云说：“我们是平凡的人在一起做不平凡的事，如果你认为你是杰出的，你是精英，请你走开。单枪匹马是做不出任何事情的。”在专业化分工越来越细、竞争日益激烈的今天，一个人的力量难以处理千头万绪的工作。一个人可以凭着自己的能力取得一定的成就，但是如果把你的能力与别人的能力结合起来，就会取得更大的令人意想不到的成就。

在提及自己和团队的关系时，马云将朋友的帮助放在首要位置：“我从来不承认自己是什么英雄。阿里巴巴今天的成就是很多朋友的功劳，不是我一个人的；我不过是做了5%的工作，朋友们做了更多默默无闻的工作，他们把我推到前台，我只是他们的代言人，我只是出来练练。”

马云能容人，所以能聚人、留人。他深知一个人能力再强也比不过团队的力量，他说：“少林派很成功，不是因为某一个人很厉害，而是因为整个门派都很厉害。”

团队合作是阿里巴巴企业文化的重要内容，其关于团队合作的阐述是：“共享共担，平凡人做非凡事；乐于分享经验和知识，教学相长；以开放的心态听取他人的意见；表达观点时，直言有讳；在工作中，群策群力，拾遗补阙；不是自己分内的工作，也不推诿；决策前充分发表意见，决策后坚决执行；有主人翁意识，积极参与，促进团队建设。”

马云重视团队，也很明确团队的意义，他说：“什么是团队呢？团队就是不要让另外一个人失败，不要让团队任何一个人失败。用价值观来统一思想，通过统一思想来影响每一个人的行为，最后形成合力。”

在阿里巴巴，不需要不能和团队合作的员工，也不会留不能与人无私分享的员工。在阿里巴巴，每个员工都很重要，不管你在哪里，都是团队的成员，都应该全力发挥团队的功能。

正如马云所说，“我成功背后有一群很棒的人”，其实，任何人的成功都离不开他人的支持，没有朋友、家人以及创业团队的支持，是很难取得成功的。

执行力金句：

团队的合作力量是无往不胜的坚强后盾。一个人能力再强，也只有当他融入团队后才能发挥出最大的力量。背靠着团队的强大力量，每个人的忙碌才不会变成杯水车薪，最终汇成胜利的大海。

第九章　尊重，激发执行力

执行是一种精神，这种精神离不开人的努力。“尊重员工”的团队管理理念有助于打造执行型团队，有利于单位凝聚力的提升。它能使团队成员具有较强的归属感，愿意参加集体活动，并承担工作中的相关责任，维护企业利益和荣誉。同时，它又是一种平等理念，它提倡尊重每一个团队成员，每一个人都是平等的，只是工作的性质不一样，行使的权力不一样，不代表谁比谁能干。

◆ 开心领导，快乐执行

我们都知道，员工是构成企业的基本要素之一，是企业活动的主体和企业行为的承担者，是企业人的因素的具体体现。对于组织中普通成员的作用，本·富兰克林有一个经典的说法：由于缺少一个钉子，损失了一个铁蹄；由于缺少一个铁蹄，损失了一个骑手；由于缺少一个骑手，损失了一场战斗；由于缺少一场战斗的胜利，输掉了整个战争。

在阿里巴巴，马云就像个闲不住的大男孩，是整个公司的“开心果”。马云说，压力是自己的，不应传染给员工。他一直和同事说，没有笑脸的公司其实是很痛苦的公司。他说自己最喜欢猪八戒的幽默，他是取经团队的润滑剂，西天取经再苦再累，一笑也就过了。

在 2005 年第五届“西湖论剑”上，马云跷着二郎腿与克林顿对话，在听张朝阳、丁磊、马化腾、汪延和经济学者张维迎论战到激烈之处时，他从台下顺手抄起一把凳子就扔上台，然后一个箭步冲了上去，这番滑稽动作引得观众一阵大笑。

马云认为不仅领导者要如此，员工也要每天快乐地执行工作。他说，判断一个人、一家公司是不是优秀，不要看他是不是哈佛毕业，是不是斯坦福毕业，不要看公司里面有多少名牌大学毕业生，而要看员工干活是不是发疯一样干，看他们每天下班是不是笑眯眯地回家。

只有让员工快乐并努力执行的公司才是好公司。马云认为，员工工作的目的不仅包括一份满意的薪水和一个好的工作环境，也包括在企业中能快乐成长。在他的心目中，没有员工，就没有阿里巴巴这个网站。只有员工开心了，客户才会开心。客户们那些鼓励的语言，会让员工发疯似的工作，这也使得阿里巴巴的网站不断发展。在阿里巴巴，员工可以穿旱冰鞋上班，也可以随时到他办公室，马云说，总之一定要让员工快乐起来。

开心领导，快乐执行。阿里巴巴用牢不可破的人文特质，验证着马云“没人能挖走我的团队”的豪言。

2006年6月他在和管理干部交流时说：我到有些美国公司的时候颇为感慨，只要走进他们的大楼，所有员工遇到你都对你笑一下，说“你好”。这很正常，他们知道进入大楼的要么是客户，要么是buyer（买家），要么是suppler（供应商），一定是合作伙伴。他们给我们带来生意和机会，为什么不欢迎他们？所以要保持smile（微笑）。

如果有一天阿里巴巴的员工都能做到这样，我们公司就不一样了，就独特了。这是从心里面来讲的。当然，要真正做到smile是很难的。但是如果我们每天强迫自己smile，慢慢地，你就会有出息。

由此可见，员工是企业的资本和财富，企业要提高执行力，就必须尊重员工、善待员工。因为企业的发展策略一旦确定，执行的首要问题实际上是人的问题，最终是人在执行企业的策略，并反馈企业的文化。企业的管理者，要让员工明确意识到自己是这个集体中的一员，在心理上形成一种对群体的“认同感”“归属感”。和员工间形成密不可分的群体，强化企业的存在价值。说得再通俗、再透彻点，就是说：“演员的魅力来自于观众的掌声，领导的魅力则来自于员工的认可。”

阿里巴巴的管理人员，大多懂得如何尊重员工并有效地提高执行力。

然而，遗憾的是，在现实生活中，很多企业管理者都有这样一个误区：只要有资金、有设备，企业就一定能够发展，就一定能在市场竞争中立足。

这样的管理者只是单方面地强调企业经营中物的因素，而忽视了人的作用，看不到人的主观能动性在企业发展过程中起到的积极作用。

管理可分“刚性管理”和“柔性管理”。刚性管理以权力和规章制度为中心，而柔性管理则以人为中心，对员工进行人性化管理。

“柔性管理”的管理方法表现为内在重于外在，心理重于物理，身教重于言教，肯定重于否定，激励重于控制，务实重于务虚。显然，在知识型企业管理柔性化之后，管理者更加看重的是员工的积极性和创造性，更加看重的是员工的主动精神和自我约束。

现代企业管理者，若想激励员工以最大的潜能来促进企业的发展，采用柔性管理是最好的选择，在充满和谐、温情的环境中，让企业与员工共生存。

成立于1996年的赛意法公司是深圳赛格高技术股份有限公司和意法半导体有限公司的合资企业。赛意法的企业文化的核心只有三个词：People！ People！ People！（人！人！人！）公司以人为核心的柔性化管理能落到实处取得不错的结果，与高层管理人员的践行和企业制度的保障执行息息相关。这种做法受到了普通员工的好评，他们将此作为一种很高的荣誉。

其实，在当今社会，人才对于经济发展的作用已经越来越明显，管理者只有充分肯定人的价值，采用柔性管理，才能够调动起员工的工作积极性。

有一次，松下幸之助在一家餐厅招待客人。用餐完毕后，大家发现他的牛排只吃了一半。他让助理请烹调牛排的主厨过来。

“是不是牛排有什么问题？”主厨紧张地询问这位大有来头的客人。

“烹调牛排，对你已不成问题，”松下说，“牛排真的很好吃，但我已经80岁了，胃口大不如前，所以我只能吃一半。我想当面和你说这事，是怕你看到只吃了一半的牛排被送回厨房时，心里会难过。”

这就是松下的柔性管理，不仅对员工，他对任何人都怀有仁爱与尊重之心。其实，管理员工是一门大学问，而柔性管理员工，又体现了领导者的一种大境界。

“柔性管理”就是既要让员工感受到充分的尊重，又要促进企业的长远发展。在管理过程中，企业管理者要强调员工的重要性，并尽可能弱化自己，把每一位员工都放在十分重要的位置上。

但这并不是说管理者需要讨好员工，重视员工首先应当体现在彼此尊重上，只有彼此尊重才能有进一步的团结合作。当然，即使是在柔性的管理方式下。也要有刚性的制度。在制度面前人人平等，这是管理必须遵守的规则。

执行力金句：

企业执行文化的核心在于转变企业全体员工的行为，使之能够切实地把企业的战略、目标和计划落实到本职岗位与日常工作中去。

◆ 最精明的投资是把钱花在员工身上

21 世纪人才最重要。对阿里巴巴来讲，期权、资本都无法和人才相比。员工是公司最好的财富，有共同价值观和企业文化的员工是公司最大的财富。

马云给他家的保姆每月 1200 元，而杭州的市场价是 800 元。她做得很开心，因为她觉得得到了尊重。阿里巴巴那些高层月薪四五万元，即使给他们加一万元、两万元，他们也不会感到什么；但是如果为广大员工增加一些，那么士气会大增。

对于所有在阿里巴巴门口徘徊的人才，马云表示只要是人才他都要。阿里巴巴 2004 年在广告上没有花钱，但在培训上花了几百万元，他觉得这将给公司带来巨大的回报。阿里巴巴有 120 万会员，而且连续两次被《福布斯》评为“最佳 B2B 网站”。在网络电子商务领域，阿里巴巴会员数跃居全世界第一位。没有优秀的员工，企业根本没法做到这些。这些成绩，正是马云把钱投在员工身上的回报。

2004 年阿里巴巴举办五周年庆典活动，马云出席讲话，他说 :“今天是五周年庆典，我想这一天想了五年。五年前，我每天都在担心，能不能等到这一天。昨天我吃晚饭的时候开始准备，晚上也睡不着，我想不出要讲什么，但是我现在最想说的就是 : 我要感谢为今天付出努力的 1600 名员工。”

员工决定企业的成败，员工弱则企业弱，员工强则企业强，员工进步，企业才能进步。企业管理者要重视员工的培训，在不断改善员工的薪资、工作环境的同时，也要加大培训力度，通过员工的进步推动企业的进步。大多世界知名的企业都把培训作为企业发展的重要途径。

西门子公司一贯注重培养和造就人才。早在 1910 年，西门子就为其内部人员开设了正式的培训课程。后来，西门子还建立了针对不同层次员工的各类培训学校，并为这些学校配备具有丰富经验的培训老师。在西门子的全体员工中，每年参加各种定期和不定期培训学习的员工多达 15 万人。公司每年用于培训及购置培训实验设备的费用就高达 6 亿 ~ 7 亿元。

与西门子不同的是，麦当劳强调的是全职业规划培训，也就是“全职业培训”。在麦当劳，从计时员工到高阶主管，公司结合他们的职业生涯规划，为他们设计了不同的培训计划，并通过各区域的训练中心以及汉堡大学对员工进行阶梯式的培训，使得麦当劳的员工能够持续不断地学习、成长。麦当劳在人才引进上不注重资历、学历，在他们不计较员工出身的背后，是他们对自己培训体系的自信。麦当劳非常重视员工的成长与生涯规划，他们的高层多是从内部晋升上去的。

LG公司的培训最为特别，他们更加注重精英群体的培训。在LG公司，每个员工的培训机会是不一样的。新员工只有一些最基础的培训，而高层管理者则有机会去韩国总部培训中心，或去国外参加专门培训，甚至到大学里专门进修MBA。公司里的很多培训项目都是专门为“核心人才”设立的。“让有能力的人先培训，让有发展潜力的员工获得更多的培训机会”是LG公司对员工的一种激励形式。要想获得更多的培训机会，只有使自己的业绩更好、更优秀。可见，把钱花在员工的身上，是企业最精明的投资。这与2002年马云在宁波会员见面会上的演讲异曲同工：

现在，我们的干部成熟起来了，员工数量扩大到了500名。现在互联网是在裁员发展，我们却在扩大规模。我们的目标是在全年的发展中赚1元钱，也就是说，如果我们整年投资800万元，我们要赚800万零1元。事实上，到现在为止，我们的确运转良好，员工从前年100多名，到去年200多名，到今年500多名，我们还要不断地招。

有人说“为什么阿里巴巴还要招员工？”我们认为员工是公司最好的财富，有共同的价值观和企业文化的员工是公司最大的财富。

今天银行利息是两个百分点，如果把这个钱投在员工身上，让他们得到培训，那么员工创造的财富远远不止两个百分点。我们去年在广告上没有花钱，但在培训上花了几百万。

执行力金句：

管理者要能够通过强化的手段营造一种有利于组织目标实现的环境和氛围，以使组织成员的行为符合组织的目标。

◆ 让激励“释放”员工积极性

2010年1月19日，马云撰写了一封内部邮件，回顾了阿里巴巴在过去一年的成绩，同时宣布，2010年，将对公司除高层以外的所有员工继续加薪。对阿里集团来说，过去的2009年是精彩、复杂、遗憾和兴奋交错的一年。

马云说：“我们幸运地在2008年提前对经济形势做了判断，并采取了一系列的措施，更由于大家一如既往地艰苦努力，战胜了一次又一次的挑战。集团取得了很大的成绩。”

尽管存在很多问题，而且面临越来越多的挑战，但马云对整体结果表示满意。在邮件中，马云充分肯定了集团在2009年所取得的成绩，并给出75分。这是马云十年来首次宣布对阿里巴巴的打分结果，也是10年来所给出的最高分。在加薪方面，马云强调了这样的观念：阿里巴巴不会为竞争对手和行业做法而加薪，但所有阿里人将平等分享公司成长带来的财富。奖金不是福利，要通过努力才能得到，“平均主义”在阿里巴巴行不通。

在加薪的同时，马云也并未忘记对员工价值观的强化。马云称，奋斗不是为了奖金或加薪，而是为了使命、愿景和梦想。巧妙的逆向推理，使员工明白了加薪原因——阿里人在和马云一起为梦想奋斗，而关于理想，是值得埋单的。2007年，在阿里巴巴上市后，其初步招股说明书显示，阿里巴巴总股本为50.5亿股，公开发售8.589亿股。其中阿里巴巴4900名员工持有B2B子公司4.435亿股。按绝对值计，近千名阿里巴巴员工将拥有超过100万元。这创下了当时国内IT类上市公司最大规模的员工“造富”纪录。

此前，百度公司上市创造了8位亿万富翁、50位千万富翁、240位百万富翁。马云本人只持有阿里巴巴B2B子公司的1.89亿股，以招股价上限粗略计算，上市后马云身价为22.7亿港元。其他7位董事中有3位身家过亿。

作为阿里巴巴的创始人，马云在上市公司的持股比例不足5%。此举可以说是马云激励手法的集中体现。对此，马云毫不讳言：“这样，其他股东和员工才更有信心和干劲。”

马云这种激励员工的手段可以说是最有效的，人要生存、要发展，精神是支撑，物质是保障，所以兼顾员工精神和物质的双重激励，才是最有效的激励方式，它让员工明白，工作不仅是员工的一种谋生手段，还能实现员工的自我价值。

美国哈佛大学教授威廉·詹姆士研究发现，在缺乏科学、有效激励的情况下，人的潜能只能发挥出20%～30%，科学有效的激励机制能够让员工把另外70%～80%的潜能也发挥出来。在马云看来同样如此，他认为科学合理的激励机制，才能激发出员工的工作激情和旺盛斗志。

从18个人到今天的17000个员工，我们将永远坚持“客户第一、员工第二”的理念，我们关注员工的幸福感，希望大家共同努力，在2010年提升全体员工的幸福指数。

我们希望员工不仅仅是物质上富有，还要精神上富有，我们希望员工有成就感，为社会认同，被社会尊重，我们永远坚持认真生活、快乐工作。

对所有支持阿里巴巴、信任阿里巴巴集团的股东们，我们将用自己的行动保证，一定会给股东以丰厚的回报，但我们回报的不仅仅是金钱。

上面这段话来自马云在2009年阿里巴巴十周年庆典上的讲话。

现代企业，人才是事业成败的关键，良性的激励机制能够充分调动员工内在的工作激情，为他们提供一个能充分发挥自己优势的空间，并构造一个科学的人才晋升渠道，使公司制度蕴含激励的巨大力量。优秀的企业管理者总是善于通过有效的激励机制来“释放”员工的工作积极性，使员工自觉摒弃安于现状的心理，从而促使人人积极进取。

《乔家大院》所叙述故事的历史背景是在清朝末期，那时没有成熟的现代企业制度，所有的商业都是家族式管理，甚至还有传男不传女思想，乔致庸开的钱庄也不例外。

但是，乔致庸的过人之处就在于他发现了家族管理的弊端——论资排辈。“伙计”居于钱庄的最底层，很多优秀的伙计不为老板所重视。他意识到，很多能干的伙计对钱庄的业务发展至关重要，而由于他们的身份低微，并不能发挥应有的作用，如果能够“激活”这些能干的伙计，钱庄的业务将实现关键性的突破。于是，乔致庸果断起用新人，从内部挖掘出28岁的马荀。马荀干过10年学徒、4年跑街，他个人揽下的生意占钱庄生意的80%。显然是钱庄里跑得最快的千里马。后来，钱庄的发展证明了乔致庸的眼光，马荀这匹优秀的千里马成功地进入了接班人的行列，卓有成效地使钱庄起死回生。

马荀使乔致庸尝到了甜头，他以“伙计身份”实现了企业原有体制的创新。这些创新为钱庄生意带来了显著变化：伙计与掌柜甚至东家平起平坐，被尊重感得到增强；钱庄效益和员工效益有机地结合在一起。这个激励机制的引进，极大增强了伙计们干活的积极性，使钱庄生意更加兴隆。

由此我们看到，如果一家公司缺乏内部激励机制，就不会拥有富有活力的企业文化，员工就会丧失工作的热情和欲望。只有科学有效的激励方式，才能激起员工的进取心，企业才会充满活力。

正如马云在《不能为了奖金“奋斗”》一文中所说：

去年此时，尽管正处于互联网寒冬，但我们逆势加薪，以肯定所有阿里人的艰苦付出和取得的卓越成绩。今年的年度绩效考核，经过集团管理层的讨论，我们做出以下决定。

1. 关于 2009 年年终奖

今年关键词：奖罚分明、打破大锅饭、打破平均主义奖金是对昨天工作的肯定和对未来工作的期望。

今年的奖金方案已出台，我相信大家会觉得今年的奖金发放和往年有很大的区别。今年，我们将严格执行 271 制度（“271 制度”即对团队中 20% 超出预期完成工作的员工提高奖励和加薪比例，对 70% 仅达预期工作效果的员工给予一般加薪或正常奖励，对于 10% 低于预期工作效果的员工不予加薪奖励，甚至还有处罚），旗帜鲜明地奖优罚劣。

与以往相比，将特别突出“奖罚分明”“愿赌服输”，打破大锅饭和平均主义，包括公司所有层级在内都将对 Top20 进行奖励提升，同时对 Bottom 10 加强问责。这是对勤奋付出的同事的最大公平，同时也是激励所有阿里人去挑战更高的目标。

奖金不是福利，奖金是通过努力挣来的，它不可能人人都有，也不可能每个人都一样，它不是工资的一部分，而是因为你的业绩超越了公司对你的期望值（请特别注意这一点）。

2. 关于 2010 年的加薪和调薪

我们认为没有所谓最好的薪酬。阿里巴巴永远不会因为竞争对手和行业的做法而加薪，这只会引发恶性竞争和不健康的行业格局。

阿里巴巴的薪资水平总体是合理的，有竞争力的，除了合理的基础收入之外，我们希望所有阿里人能够公平分享公司成长带来的财富，我们仍然实行奖励期权政策，同时各子公司也已在开始制订各自的股权激励计划。

加调薪的原则：我们的加薪政策会继续向普通员工倾斜，公司高管把加薪机会留给普通员工。公司副总裁及 P11 以上级人员全部不参与加调薪，M4、M5、P9、P10 只是对于特殊情况调薪，如晋升、历史遗留问题等。

Dreamtarget（梦想目标）是我们共同奋斗的目标，是调配资源的指导。Dreamtarget 必须通过创新的方法才能实现，而不是简单地沿用现有的手段，拼命去挤牙膏。电子商务正迎来井喷的发展，我们必须超高速的成长，才能继续保持行业领先。

我们要为我们的 mission（使命）、vision（愿景）和 dream（梦想）去奋斗，而不是为完成 KPI 任务，更不应该是为了奖金而努力。

执行力金句：

执行的过程就是将理念和设想付之于实践检验的过程，企业在这一过程中不但会取得执行的成果，而且会积累新的对执行工作本身认识的知识。

◆ 位置合适，执行力就来了

执行力就是按质按量地完成工作任务的能力。一个人执行力的强弱取决于两个要素：个人岗位和工作态度，岗位是基础，态度是关键。所以，我们要提升个人执行力，一方面是要通过加强学习和实践锻炼来增强自身素质，而更重要的是要配好岗位。

我们知道，创业是一件非常美妙而又充满痛苦的事情，也是一件严肃的事情，选择合作伙伴一定要非常谨慎。对于企业而言，衡量人才是否优秀的唯一标准是他是否符合企业的发展需要。理性的用人标准是不被人才的光环所诱惑，而是紧紧扣住“企业发展需要”这根弦。

1999年9月，阿里巴巴网站建立起来了，马云立志要使之成为中小企业敲开财富之门的引路人。10月，阿里巴巴获得以高盛牵头提供的500万美元风险资金，马云立即着手办的一件事情就是，引进大量人才。

马云对外宣称：“创业人员只能够担任连长及以下的职位，团长级以上全部由MBA担任。”当时，在阿里巴巴12个人的高管团队成员中除了马云以外，全部来自海外。

接下来几年，阿里巴巴聘用了更多的MBA，这其中不乏哈佛、斯坦福等名校的MBA。但是，这些“业界高手们”，却严重“水土不服”。他们总是讲得头头是道，但做起事来总是不尽如人意。后来95%的MBA都离开了。

马云后来回忆道：“我跟北大的张维迎教授辩论，首先我承认我水平比较差，但是，话说回来，95%的MBA都被我开除掉了，难道他们就没有错吗？肯定有错。因为这些MBA一进来先跟你讲年薪至少十万元，一讲都是战略。每次你听那些专家跟MBA讲是热血沸腾，然后做的时候你都不知道从哪儿做起。”

错误让马云明白，公司当时的发展水平还容不下那样的人。那些职业经理人管理水平确实很高，就如同飞机引擎一样，但是将飞机的引擎装在了拖拉机上，最终还是飞不起来。

后来在阿里巴巴有这样一句名言：“让平凡的人做不平凡的事，充分调动他们的积极性和潜能”。马云说：“我考三次大学没有考上，一定很平凡，如果你们觉得我今天是成功的，那每个平凡的人都能成功。”他还指出：“创业时期千万不要找明星团队，千万不要找已经成功过的人，而要找最适合的人。”

可以说，阿里巴巴现在的成功离不开这一用人理念：找到最合适的人才，并将其放在最适合的位置上。

2006年马云在北大光华管理学院演讲时说：

1999年，我融资100万美元。有了钱怎么办？首先就想到请人，请最优秀的人。最优秀的人在哪儿？跨国公司的副总裁、MBA、最好是世界500强的人。那些人进来之后，讲公司的战略、前景，讲得你热血沸腾。

我们有一个副总裁负责营销，第一个月跟我谈市场预算的时候，说今年需要1200万美元。我很惊讶。他说很抱歉，以前最少要花2000万美元。怎么办？你不听的话好像不尊重他，你要听他的话，想想自己总共才融了100万美元。最后没有办法，只得请他离开。

这些错误使我们明白，办公司不是要找最优秀的人，而是要找最合适的人。波音747的引擎是很好，但如果你配的机器是拖拉机，发动引擎就会爆炸。企业发展是一步一步往前走，每一步走的时候，用的是脑子而不是钱。

做企业拼的是智慧，拼的是勇气，拼的是团队合作。

拿破仑说过："最难的不是选拔人才，难点在于选拔后怎样使用人才，即让他们的才能发挥到极致。"这是因为，发现人才、识别人才、选拔人才，都是为了善用人才。

企业需要的不一定是最优秀的人，但一定是最适合的人。因为"岗位需要"而使用人才，所以，"优秀"的人未必就是最能满足岗位需要的人选。因此，合适比优秀更重要。

企业管理者的重要责任就是最大限度地开发员工的潜能，让腰粗的人背土——不伤力；让腿粗的人挖土——有劲；让驼背人垫土——弯腰不吃力。也就是说，要使员工与其岗位相匹配，通过岗位匹配达到开发员工潜能的理想效果。一家公司的招聘登记表格中有这么一栏："你有什么短处？”一位上岗女工来应聘，在这一栏如实填上了“工作比较慢，快不起来”。很多人认为她是不可能被录用的，谁知最后老板亲自拍板，录用了这位女工，让她当质量管理员。老板说：“慢工出细活，她工作慢，肯定会细心，让她当质量管理员错不了，再说，她去许多地方应聘过，都没有被录用，到这里被录用了，肯定会拼命地干，以后我们公司肯定不会有退货了。”结果正如老板所预言的那样，那名女工工作成绩显著，公司的确没有退货了。

其实，在任何一家企业中，员工能力都是有区别的，这就像“发动机”和“螺丝钉”一样，企业虽然需要对企业产生变革性影响的“发动机”型人才，也离不开兢兢业业为企业奉献的“螺丝钉”型员工。

执行力金句：

在大多数情况下，一家公司和它的竞争对手之间的差别就在于双方执行的能力。因此，我们要把提升执行能力看作是提升企业整体竞争力和构建企业竞争优势的一个突破口，从而提高企业的综合实力。

第十章　利他，收获执行力

2014 年 3 月 18 日，马云在北大百年讲堂技术论坛上发表演讲，他说："阿里不是一家普通的商业公司，不应该是用来赚钱的，而是推动社会进步、影响社会，改变社会的。"正是有了这样的认识，才让阿里巴巴在发展中汇聚了强大的执行力，产生良好的效益。

◆ 阿里巴巴是服务型企业

随着中国的发展，服务型企业渐渐在行业中崭露头角，可作为一家服务型企业究竟该怎样去做，这是众多老板所困惑及急切需要解决的问题。

乍听“服务”二字，首先大多数人也许会说：“嗨，不就服务吗，他要你咋做你就咋做，不行就算！”错！时代不同，要求也不同，智慧及思考能力在行业及生活中占据着越来越大的份额，作为一家服务型企业，首先，要弄懂什么是该行业的“服务”。

服务，顾名思义就是你为他人提供对方想要的且满足对方的需求。

一个优秀的服务型企业，不仅要对自身的产品热情，也要对顾客热情，一个真心的眼神，一句贴心的话语、一次暖心的手势，都可以成为留住顾客的最不起眼的原因，有时候也是最关键的原因。

“这家店不错啊”

“这家店让我不太满意”

……

无论顾客怎么样说，其实体现的都是一个感觉的问题，是他的感觉让他感觉到这家店不错，也同样是他的感觉让他感觉这家店不好。我们要给的就是一种温馨、舒适的感觉，顾客舒服了、称心了，他下一次必然又会再来光临。

所以，服务型企业，是服务“心”的企业，留住顾客的人，也要留住顾客的心！

2014 年 3 月 18 日，在北大百年讲堂技术论坛上，马云有过这样的讲话："为什么云计算在腾讯和百度没有搞下去？因为他们懂技术，觉得很难，但是我不懂技术，我是真不知道有这么难。当然，我也知道网上有很多人批评阿里做云计算，说马云被忽悠了，说实话，很多时候我也没听懂，但是如果能够解决社会问题，我们一定要做，因此我们投入了大量财力物力，最后我们做了出来。"

在阿里巴巴和马云的理念中，有一条不容侵犯的最高原则，那就是阿里巴巴是一家服务公司。这是对阿里巴巴最准确的定位，也确定了阿里巴巴未来的发展方向。

2002 年，阿里巴巴推出了诚信通，建立了网络的诚信体系。

2003 年。当所有人都认为阿里巴巴将在 B2B 领域深度挖掘的时候，它突然创建了淘宝网，公然挑战全球 C2C 领域的老大 eBay。

2005 年夏天，阿里巴巴大手笔收购雅虎中国，进入搜索和门户领域。

2007 年，阿里巴巴宣布成立第五家分公司——阿里软件，进入企业商务软件领域。

当人们都在困惑阿里巴巴到底要做什么的时候，马云揭开了谜底。

阿里巴巴的发展方向是"达摩五指"，包括诚信体系、市场、搜索、软件和支付这五个发展方向。但是，人们并不知道阿里巴巴到底是一家什么公司。IT、电子商务、零售、搜索、国际贸易或者其他？

马云并不认同"阿里巴巴是一家电子商务公司"的观点，他更倾向于"阿里巴巴是一家商务服务公司"的说法。阿里巴巴只是将全球的中小企业进出口信息汇集起来的平台。因此，"倾听客户的声音，满足客户的需求"是阿里巴巴生存与发展的根基。

马云说："这几年，电子商务被说得越来越神奇。我打心眼里不太愿意参加 IT 的论坛。我并非人们所说的 IT 业内人士，阿里巴巴也不是一家 IT 企业，而是一家服务公司。"

基于“电子商务就是一个工具，阿里巴巴是家服务公司”这一理念，马云坚定地说：“技术就应该是傻瓜式服务”。阿里巴巴能够发展得这么好，主要是公司的CEO不懂技术。马云因此要求阿里巴巴的技术要非常简单，使用时不需要看说明书，一点就能找到想要的东西。技术应该为人服务，人不能去为技术服务。

马云说，今天是用电子商务帮助客户成功，如果明天有更好的方法帮助客户成功的话，他一定会扔掉电子商务而使用那种更好的方法，客户是最重要的，用什么样的方法并不重要。

未来电子商务的赢家绝对不是纯传统企业，也不是纯网络公司，而是能把传统企业和电子商务结合得很好的企业。这正是马云将阿里巴巴做成服务企业的理念源泉。

也是在2007年8月“湖畔学院”的讲话中，他说：

阿里巴巴是一家现代服务业公司。我们靠服务吃饭。服务绝对不是这个部门的工作或那个部门的工作，服务是每个员工的工作，是每个manager（管理者）的工作。

前段时间，我的电话号码被公布到了网上，所以各种各样的电话都打过来，昨天晚上还有人给我打电话，很晚了，我刚从日本回来。他还很激动，问我是不是马先生？我是阿里巴巴诚信通的客户，在诚信通上面受骗了，而你们的服务人员没有理我，所以我现在要向你投诉。我们的渠道不通，电话都打到我这里了。

服务是世界上最贵的东西。世界上什么东西最贵？机器不贵、设备不贵、房子不贵，都是可以买的。只有服务是最昂贵的，服务用的是我们每个人的时间，我们的时间是没有办法买回来的。

现在，星期六、星期天，我们的服务人员要值班。因为客户的生意不能休息。所以淘宝网、支付宝、阿里巴巴的服务人员也无法休息。

比尔·盖茨说："21 世纪所有的行业都是服务性行业。"现在的服务已不再是传统意义上狭隘的服务。而是一种大服务观念，它是一种人与人之间的沟通和互动，来源于所有人和所有行业，可以说，我们每个人都是在从事服务业。服务决定成败，服务创造价值。一个以服务为经营理念、以服务赢得顾客的企业，必然会遥遥领先于竞争对手。

在日本东京，有一家名为新都的理发店，每日顾客盈门，生意兴隆。这家理发店看上去并不比别的理发店高档，那么，它是靠什么办法吸引众多顾客前来理发的呢？有人专门做过调查，发现新都理发店之所以门庭若市，只是出于店主转变经营观念的一个新颖的创意——"出租"秘书。

那天雨下得很大，一位顾客来店里理发，刚理到一半时，他的手机突然响了，老板让他立即将一份拟好的协议打印好，送到客户公司。

那位顾客非常焦急，望着窗外的滂沱大雨，再看看自己刚理了一半的头发，他进退两难。最后，他放弃理发，冒着大雨去打印文件，这位顾客的狼狈是可想而知的。

顾客走后，理发店的老板觉得这件事和自己的生意有关系，他陷入沉思，仔细思索着这件事，希望能有更好的方法解决类似问题。于是，一个新的服务项目在新都理发店应运而生。经过策划，该店雇了一位办理贸易手续的专家、两位办理文件的秘书、一位日文打字员、一位英文打字员和一位英文翻译。

如果顾客是带着文件来的，顾客理发时秘书们就会帮忙整理文件；如果顾客需要打印文件，在理发店里就可以完成。所以，顾客在等候或理发的时候也可以和在办公室里一样办公。

新都理发店的这项服务一经推出。一下子就吸引了很多工作繁忙的顾客，他们觉得来理发不仅不会耽误手上的工作，还是一个很好的放松机会。新都理发店也依靠这个特色服务，年营业额增加了五倍。

以上的例子说明：好的服务不但为顾客带来了愉悦，而且还能够留住顾客的心，从某个角度来看，服务便是态度，态度也就是服务，一个好的态度所具有的服务也是优秀的，同样，一次漂亮的服务，所体现的必然就是好的态度，试想，如果一家服务企业的员工整天板着面孔，虽然都很努力做事，这在当今的服务行业中是不提倡的，因为随着人们生活水平的提高，付出的费用绝对是“双重质量”的效果，即产品质量及服务质量。

日本一位经济学家称：“优质的服务是回报率最高的投资。”也就是说，服务能够产生价值，服务本身也是一种价值。服务好，顾客不但会再次光顾，还很可能会介绍更多的客户；服务不好，顾客就不会再上门，其周围的潜在顾客也将受到影响。

没有优质的服务，就无法赢得顾客；拥有完美的服务，就能获得永远的支持。通过优质的服务善待每一位顾客，就点亮了吸引顾客的明灯，也为企业照亮了通往美好未来的道路。

执行力金句：

由于执行的过程往往比较琐碎、具体，涉及的环节较多和时间较长，因此，执行薄弱的问题往往不如其他管理问题显眼，不容易得到重视。

◆ 建立自我，追求忘我

马云在向李嘉诚讨教成功之道时，李嘉诚说了这样一段话：“一个成功的人应该是一生都在追求‘建立自我，追求忘我’的境界。‘建立自我’就是在任何情况下，都要坚持自己，做真实的自己，做自己喜欢的事，肯定自我，绝不动摇，对自己始终充满信心。然后，在追求自己理想的过程中达到忘我的境地，要真正完全地将自己奉献出去，这样你的价值才会体现出来。”

马云十分认可这八个字，在他看来，一个人要想真正成功，就应该以忘我的精神，建立自我的原则。把自己看轻，把利看轻，把“私”字看轻。

在《赢在中国》第一赛季晋级赛第三场，马云在点评参赛选手陈洁的时候，再次重申了这八个字的内涵：“重要的不是这场比赛的赢，而是未来的赢。从直觉上来讲，我最信任你，作为投资者，我愿意把钱给你。你明白自己要什么，人比较实在，我觉得投资者都需要实在，但是对于你的商业模式，我们确实没有听得太清楚。最后给你一些建议：‘建立自我，追求忘我。’你有自己的个性，你必须忘掉自己，上一家公司是因为什么让你离开？可能是利益。创业过程中一定要把自己的利益抛开。”

1984 年，马云考入杭州师范学院（现杭州师范大学）外语系。大学毕业后，马云在杭州电子工业学院教英语。1991 年，马云和朋友成立海博翻译社（HOPE，希望的中文译音），翻译社一个月的利润只有 200 元，但房租就得 700 元。

在大家出现意见分歧时，马云一个人背着个大麻袋去了义乌，卖小礼品、鲜花、书、衣服、手电筒。“喏，看见那个大陶狗吗？当年我就卖过它。”记者采访马云时，他兴奋地说道。

当时的马云靠着倒卖小玩意儿不仅养活了翻译社，组织了杭州的第一个英语角，而且成了全院课程最多的老师。如今，海博是杭州最大的翻译社。“我当时认为一定会有需求，应该能成功。”

无论在创业的哪个阶段，马云都抛开利益，建立自我，追求忘我，因此才取得了今天的成功，创业如此，守业更是如此。他在 2007 年 8 月的“湖畔学院”讲话中就说：

李嘉诚讲过一句话：“建立自我，追求忘我。”王安石当年变法，所有人反对，但今天看来，他的做法对北宋是有利的。基于这一点，我们对于阿里巴巴的任何想法，要把眼光放得远一点去看，这样才能看得更透彻。

彭蕾推荐的《政界往事》，对北宋为什么昌盛，分析得很有道理。陈桥兵变，赵匡胤黄袍加身，他制定了一个政策——文官当将军。因此，领导军队的全是文官，文官主政之后，文化兴旺，但导致国力降低，金国、辽国轮番来打。其实政策本身没有对错之分，就怕公司一会儿东、一会儿西，一会儿上、一会儿下。即使要变化，也要有一个主旋律，使命感不能变、价值观不能变。所以说是建立自我，但是追求忘我。

在做任何事情之前，大家都应该意识到，只有忘我，才能追求自我。我之所以有今天的成绩，我觉得是因为我做到了这八个字。建立自我，无论别人说我好还是说我不好，我就是这么一个人；追求忘我，无论别人骂我还是表扬我，我觉得阿里巴巴这个名字属于阿里巴巴，不属于我。

重义轻利思想，源自中华文化重家族亲情的特色。从处理兄弟关系发展到处理各种社会关系的规范，其在中国文化中的植根颇深厚，对后世思想的发展也影响深远。

那么，一个人如何才能一步步地建立自我，并走向追求忘我呢？

多数人常常会在自我面前驻足，健康、平安以及家庭和睦就是他们追求的最高目标。然而，能够让一个人强大起来的精神却是“建立自我、追求忘我”。本杰明·富兰克林就是一个鲜明的例证。

1706 年，富兰克林生于波士顿，由于家境清贫，他没有接受过系统的教育，然而，他凭借自学汲取了各方面的知识。他 12 岁开始当印刷学徒，24 岁时接办《宾州公报》。

在18世纪的新文化中，做好人、做好事被认为是人实现自身价值的标准方式。富兰克林曾经立下志愿，凡是对公众有益的事情，不管多么困难，都要努力承担。自1748年开始，他筹办了不同的公共项目，包括建立图书馆、学校、医院等。做好人、做好事是富兰克林的终生目标，他希望自己做的每一件事，均有益或有用于社会，身体力行地为人谋取幸福。他对别人的关心、富于美德的生活方式以及他对公共事业的热心和能力很快为他赢得了人们的信任。

取得成功后的他从未忘记帮助年轻人找到增值的方法，在他《给一个年轻商人的忠告》中，他的名句“Time is money，credit is money”（时间就是金钱，诚信就是金钱）广为流传。在《财富之路》一文中，富兰克林清楚简单地说明，勤奋、小心、俭朴、稳健是致富的核心态度。勤奋可带来财富，俭朴可保存产业。

美国独立战争期间，富兰克林曾出使法国。他杰出的工作表现，赢得了法国人民的同情与支持，为独立战争的胜利做出了贡献。

制宪会议一开始，德高望重的富兰克林就表现出了一位政治家的博大胸怀。1787年5月25日，宾夕法尼亚代表团提议由华盛顿担任大会主席，并得到了一致同意。虽然那天富兰克林因故没有出席，可提名华盛顿将军的，却是富兰克林本人。后来当上美国总统的麦迪逊在他的笔记里写道：“这项提名来自宾夕法尼亚，实为一种特殊礼遇，因为富兰克林博士一直被认为是唯一可与华盛顿竞争的人。”此时的富兰克林已经81岁，虽然年事已高，但他留给制宪会议的绝非名誉高位，而是胸襟、智慧和爱国精神。

1790年，这位为教育、科学和公务献出了自己一生的人，平静地与世长辞。在他的墓碑上只简单刻着“富兰克林，印刷工人”几个字。富兰克林的一生体现了“建立自我，追求忘我”，他的这种人生境界获得了人们的高度赞誉。美国人民称他为“伟大的公民”，世人也都给予他很高的评价。

“建立自我，追求忘我”是一种境界，需要人们用真心和真情去感受、去实践。在各种对梦想实现有益的项目中，我们应该想清楚，哪一步最关键、最紧迫。否则，往往一事无成。

执行力金句：

战略目标确定后，执行就成为关键。如果说战略是企业的“心脏”，那么执行就是企业的“手”。企业的战略再好，没有强大的执行力作保障，这个战略也只是一个梦想。

◆ 阿里巴巴也有“三个代表”

在现实生活中，许多公司将“客户永远是对的”这句话奉为最高信条，阿里巴巴也是如此。但马云认为，有时候客户是错的，他们不知道企业在干什么，但是企业明白自己在干什么。

马云曾说过：“阿里巴巴也有‘三个代表’，第一，必须代表客户利益；第二，必须代表员工利益；第三，必须代表最广大的股东利益。”在谈到如何体现“客户利益”时，马云说：“营业额固然很重要，但我认为，客户数量、客户满意度更为重要。为客户服务好，这是永远不变的道理。”

“客户是父母，股东是娘舅。”这是马云提及客户与股东对于阿里巴巴的影响时用的一个比喻。对于阿里巴巴这样一个服务型的企业，马云深知客户的重要性。

在被阿里巴巴称为“六脉神剑”的价值观中，“客户第一”被置于价值观金字塔的顶端，并有详细阐述："客户是衣食父母。无论何种状况，始终微笑面对客户，体现尊重和诚意。在坚持原则的基础上，用客户喜欢的方式对待客户。为客户提供高附加值的服务，使客户资源的利用实现最优化。平衡好客户需求和公司利益，寻求并取得双赢。"

阿里巴巴所有产品或服务的推出，都建立在这一价值观之上。从客户的角度出发，为客户创造价值，正是阿里巴巴受到客户欢迎的根本原因。马云在面对不同客户时，没有采取复杂的个性化服务，而是化繁为简，替客户着想，为客户提供简单有效的方法，让客户的生意做得更加轻松。

马云要求阿里巴巴的员工必须认同"客户利益最重要"的文化，以顾客为导向，来指导自己的工作。他收购雅虎中国，方便客户进行电子商务的操作。

完成了信息流建设；与中国邮政合作，完成物流方面的建设；与银行合作，并推出支付宝，努力解决资金流的问题。马云希望电子商务像自来水一样方便，"随手一拧就是"。

马云在"文化是企业的DNA"文章中这样说：在这个公司里面，我们跟别人可能不一样，很多人讲员工第一，我认为讲员工第一有点虚伪，我们聚在一起的目的是干什么？是为社会创造价值，是改变别人，是影响别人，服务好客户。谁付我们钱，不是老板付你钱，是客户付我们钱，不是投资者给我们钱，是客户给我们钱。所以，客户永远是上帝，客户第一。

如果觉得坚持员工第一，公司有可能变成大锅饭。股东第一，有可能像美国安然一样。所以只有坚持客户第一的公司，它才能持续增长，所以我们提出了第一点，在公司里面一切围绕着客户第一。

日本著名实业家稻盛和夫，创立了两家世界500强企业，这不得不让人思考：是什么样的力量带来了如此好的结果呢？其实，稻盛和夫的秘诀就是把顾客放在第一位，尽心尽力地为顾客服务。稻盛和夫告诫自己的员工，营销的基本态度就是要当客户的仆人。可以说，因为对客户的重视，才有了稻盛和夫的经营成就。

美国出版过一本非常畅销的管理科学著作——《成功之路》，书中强调美国优秀企业应该遵循的八大原则，其中第二大原则即顾客至上。作者认为，“出色企业”是“始终如一对用户的执着”，为顾客服务应作为企业的战略来研究。作为世界上最大的快餐集团，麦当劳从1955年雷蒙·克罗克在美国伊利诺伊州开设第一家餐厅到现在，在全世界已拥有28000多家餐厅，麦当劳的黄金双拱门早已深入人心，成了人们熟知的著名品牌之一。

麦当劳之所以能够如此辉煌，与它的优质服务是分不开的。在长达30年的经营实践中，克罗克深知这样一个道理：消费者都是在一定的历史条件下、一定的社会环境中生活的，因此只要能做到“顾客第一”，财富就会像密西西比河的水，源源不断地涌来。

麦当劳快餐连锁店的经营，一律采用独具特色的“自我服务”形式。顾客只需排一次队，便可将食品带走。即使在快餐店的生意最忙时，也只需一两分钟就能将热气腾腾的食品送入顾客手中。

为了方便顾客，他们在距离店面10多米远的地方装上通话器，巨大的牌子上标着醒目的食品名称和价格。当人们驱车经过时，只需打开车窗门，向通话器报上所需食品，服务生迅速算出价钱，马上将食品准备好，等车开到店前小窗口，便可以一手交钱、一手拿货。顾客几乎不用停车，马上就可以继续赶路。克罗克将顾客至上的原则贯彻到经营的每一个细节，设在高速公路两旁的快餐连锁店，在出售食物时，总是事先把顾客所需的食物包装好，以免在车上倾洒出来。他们还想到了顾客用餐可能要用到的各种用具，如塑料刀叉匙、吸管、餐巾纸等，并将它们连同食品一起用一个大纸袋包好交给顾客。因此，高速公路上的食品生意几乎被麦当劳一家独揽，其他快餐店望尘莫及。

把顾客放在第一位，使他们始终得到满意的服务，这是麦当劳成功的法宝。企业要想永远留住顾客，就要做到以顾客为中心，急顾客之所急，想顾客之所想，为顾客提供最贴心、最满意的服务。

执行力金句：

执行力是企业成败的关键。执行是实现既定目标的具体过程，而执行力就是完成执行的能力和手段。我们处在一个新经济时代，现代企业之间的竞争实际上是执行力的竞争，企业管理者面临的最大挑战就是如何快速应变。

◆ 阿里宗旨：帮客户赚钱

随着电子商务的出现，越来越多的创业者涌入了这个圈子，都在为着自己的梦想而打拼，然而很多时候都会出现一些不如意的地方；都说电商与品牌之间是“夫妻”关系，只有互相帮扶、互相信任，才能走的长远、走的稳健，其实电商与终端零售商的关系亦是如此。“夫妻俩”如何相处得融洽又不至于把对方“宠坏”，其中度的拿捏确实是一门学问。

马云曾说：“创业永远挑选最容易做、最愿意做的事情，创业不是为了赚钱，而是你喜欢它，你喜欢这个工作，你喜欢做这件事情，那是最大的激情。最大的动力所在。如果你为了挣钱，那我告诉你，永远有比你想得更挣钱的东西。你选择是因为你喜欢，你喜欢就不要抱怨。”

在马云看来，创业不应该以赚钱为目的，如果那样，很可能既赚不到钱，也不开心，甚至陷入抱怨。赚钱只是一种结果，它永远不应该成为一个目的。在阿里巴巴公司上市之后，很多人都说阿里巴巴公司创造了很多"富翁"，这些富翁当然是指阿里巴巴公司的员工。马云却有不同的看法，他觉得阿里巴巴公司要让客户成为富翁，他更希望自己的客户赚钱。

马云说："我很高兴地告诉大家，阿里巴巴一定会培养出无数的千万富翁出来。但是阿里巴巴在把自己的员工变成百万富翁、千万富翁之前，首先要做到的是有更多的客户因为阿里巴巴公司而成为百万富翁，这是最关键的。阿里巴巴的使命是帮助中小型企业，只有它们的生意做得越来越好，才能使阿里巴巴也挣钱。"

很多人好奇阿里巴巴为什么会受欢迎，马云告诉他们："阿里巴巴是商人们用来赚钱的工具，因为大家依靠阿里巴巴赚到了钱，所以受欢迎是再正常不过的事情。"由此可见，"帮客户赚钱"才是马云心中阿里巴巴的真实价值所在。

2013 年 4 月马云在深圳 IT 领袖峰会上说："什么是企业文化？墙报、写文章不是企业文化，企业文化就是把企业写得有味道一点，不要把企业变成赚钱机器。我们需要把企业变得有情感，有情感就有朋友，有朋友生意自然好。"

下面是马云在接受著名主持人杨澜采访时的一段对话：

杨澜：当你决定要辞去一份收入虽然不高但是很稳定的大学老师的工作，开始创办中国黄页时，你觉得是一个什么样的想法？我仍然不能够完全接受你所说的只是为了多一点社会实践。

马云：很多人不能接受，但是我事实上是这样。怎么说？我是 20 世纪 60 年代末出生的人，理想主义者，在学校里教书，天天给学生讲这些东西，我觉得我还是很单纯、幼稚。尤其到现在，我越来越明确一点：人生是一个过程，它不是一个目的，所以你经历过多少，犯过多少的错误，这才是最宝贵的。

杨澜：但是这让你听起来像个圣人。你真是这样想的？你真不是为钱？

马云：我马云与其他大部分 CEO 不同的是，我不为钱干，永远不把赚钱作为公司的第一目标，你说到这个就要做到。最后你反过来看自己赚了很多钱，这是个结果，它不是我追求的目标。因为我自己坚信，如果一个人脑子里只想赚钱的话，他脑子里想的是钱，眼睛里是人民币、港币，讲话全是美元，没人愿意跟你这样的人做生意的。

在中国的快递行业中，顺丰速运近年来备受瞩目，已经成长为快递行业的“巨头”。顺丰董事长王卫说：“做企业的目的不是为了赚钱，我是想做成一个平台，通过这个平台来实现我的价值和理想。”

1993 年 3 月，作为第一代“水客”，背着装满合同、信函、样品和报关资料的大包往返于香港和顺德之间。几年后，22 岁的王卫在顺德创立了顺丰速运。当时，这家公司算上王卫本人只有 6 个人。

经过 18 年的发展，截至 2010 年，顺丰的销售额已超过 100 亿元人民币，年平均增长率为 40%，拥有员工 11 万多人。据权威数据显示，2010 年，在广东市场，顺丰已经超越 EMS，成为快递行业的龙头老大；在国内市场，顺丰的市场份额也飙升至 19%，成为最大的民营快递企业。

正是因为不将赚钱作为企业的第一目标，顺丰才能成为一家备受认可的快递企业。尽管目前快递行业面临大整合，然而这并不影响顺丰做一家基业长青的好企业。也许正像某些人预测的那样，顺丰可能会成长为中国的联邦快递（FedEx）。

俗话说：“商人言利，天经地义”。利益是联系企业与客户的纽带，没有人会选择跟着不能让自己的客户赚到钱的电商做生意，客户赚不到钱，构造再精心的销售网络也会土崩瓦解，所以帮合作伙伴赚钱也就是在帮自己赚钱。

著名营销大师乔·吉拉德就说过："真正的销售是在成交之后才开始。"做生意并不是把产品交到客户手里就算万事大吉，如何支持客户在其平台上把商品成功销售出去才是营销成功的关键。

"一日夫妻百日恩"，大家要金婚银婚，同甘共苦。在管理上，一定要有长远眼光，而不能考虑一时一事的利益，对于自己的合作伙伴，一定要尊重、支持，不能把他们当成下级和赚钱的工具。

同时，亦不可过分"溺爱"，丢了原则、没了章法。只有合作伙伴赚到了钱，电商才能长久发展，只有电商能长久发展，整个团队才能越走越远。总之长久合作、同甘共苦才是实现双方共赢的根本，阿里巴巴深谙此道。

执行力金句：

执行力不是具体运营的细枝末节，而是贯穿于各项工作中的系统工程。企业在制定战略时，要使战略具有可执行性。因为只有从执行的角度出发制订的战略，才是实事求是和可执行的。

第十一章　前瞻，引领执行力

阿里巴巴之所以能够吸引大批优秀人才，关键在于它明确的前瞻性和既定目标。作为公司的“首脑”，老板必须明确制订公司短期、中期和长期发展规划，制订可行性目标，能够让公司员工感受到公司蓬勃发展的氛围，感染影响员工与公司一同努力和奋斗。

◆ 顺应时势，调整战略

无论我们喜欢与否，变化总是无处不在，她悄无声息又如影相随。变化意味着不确定性，因此变化总是两面的，它可能带给你的是机会，也可能带给你的是风险。在面对这样的不确定时，我们如何应对呢，是拥抱变化，抓住机会呢，还是因噎废食，一味地躲避呢？对变化的态度和应对，既反映了一个人的性格，也反映了一个人的思想，更反映了一个人的能力。

在过去的十年里，以马云为代表的中国互联网企业家，也许是最懂得变化、创新、战略之间天然关系的一代企业家。在技术挑战、社会制度、商业模式剧烈变化的端倪初现之时，能否把握机会，从表面上看起来饱和的市场中找出一条可行的商业化路径，是这一代创业者成功的普遍方式。

2013 年 5 月 10 日晚，在阿里巴巴集团“淘宝十周年”大型晚会上，马云在演讲开始前，正式确认了他最后一单大生意，以 2.94 亿美元购买高德软件公司 28%股份，成为高德地图绝对控股方。仅仅在十天前，阿里巴巴通过其全资子公司，以 5.86 亿美元购入新浪微博约 18%的股份。在中国互联网史上，马云这两笔生意，不经意间都创造了历史。

作为中国最大的电商平台，马云的一举一动，都被看成是行业的战略风向标。联系新浪、阿里巴巴、高德之间复杂关系的这两项大手笔生意，对业内外都产生了不小的冲击。

首先是阿里巴巴和新浪的联姻，不少资深业界人士直呼“想不到”“看不懂”。在外界的质疑声中，“阿里浪”的时代最终来临，马云则坦然地对外界解释说："如果把微博拿来做电子商务，那我会被网民骂死，也会被时代骂死。"之后，在业界形成了这四种观点：反制以美丽说、蘑菇街为代表的导购网站；阿里巴巴与新浪携手，互补短板；马云是在为淘宝社区化铺路；推出支付宝 + 微博的本地生活服务标配组合。

马云作为阿里巴巴 CEO 的最后一夜，人们才发现阿里布局移动互联网的野心：这一年，阿里巴巴先后注资 UC 浏览器、美团、陌陌、丁丁优惠、在路上、快的打车、墨迹天气和高德地图，从阿里一系列的资本运作中可以看出，所谓"生态化"数据、系统来支撑的生态体系，可能正在长出新的"物种"——要根据互联网的变化，创新阿里巴巴的业务。

阿里的邵晓峰表述过马云所期望的阿里巴巴帝国管理模式："我们一直要寻求一个新的管理模式，不是金字塔式的，可能是扁平化的，甚至最高管理者长时间离开，公司内部的自循环、自沟通、自决策能力会变得非常完善。"不管外界舆论怎么看待马云的资本运作，对于四万名不远千里赶赴马云"告别"盛宴的听众们，乃至数百万阿里巴巴用户和数亿消费者来说，阿里巴巴的这种变化对每个人都是机会，人们需要做的正是抓住这个机会。这也许才是马云离任前最真实的想法。这不是一个"马云式"的战略布局，但也许是"最马云"的战略构想。

没有人可以控制自己身边的变化，你我可以做到的，就是学会怎样让外部的变化使自己变得更强。既然我们无法改变变化，唯一需要改变的就是我们自己。否则，我们很快就会被淹没在变化的大潮中，被时代和环境淘汰。

正如马云在 2013 年 5 月辞去阿里巴巴 CEO 大会上所讲的：

今天的世界是一个变化的世界，三十年以前我们谁都没想到今天会这样，谁都没想到中国会成为制造业大国，谁都没想到电脑会步入千家万户，谁都没想到互联网在中国发展得那么好，谁都没有想到淘宝会发展起来，谁都没想到雅虎会有今天。

这是一个变化的世界，谁都没想到我们今天可以聚在这里，可以继续畅想未来，我跟大家都认为电脑够快，互联网还要快；很多人还没搞清楚什么是PC互联网，移动互联就来了；我们还没搞清楚移动互联的时候，大数据时代又来了。

诚然，变化经常能令我们措手不及、损失惨重，但如果因此而憎恨它，对它避而远之，那么它将会经常地光顾你，让我们与机会失之交臂。倘若学会去拥抱变化，喜欢变化，进而运用变化，那么我们就能更好地抓住机会，抓住事物发展的突破点。“穷则变，变则通，通则久”，这是一个亘古不变的定律，唯有识时务者，才能有把握变化之机遇；唯有真豪杰，才能有拥抱变化之气魄；唯有真英雄，才能有运用变化之大手笔。

一家企业，只有具备战略性的大视野，看到长期变化的趋势，提前布局，才有可能在未来处于不败之地。

西尔斯公司是世界上最大的私人零售企业，它拥有30多万名员工，仅仅印刷在商品目录上的联销商店就有1600多家，另外还有800多家供应契约商，其子公司遍布欧美各大城市。西尔斯公司历经百年不衰，其主要成功经验是：“绝不墨守成规，而是随着形势变化而变化。”

西尔斯公司创业初期，主要以美国农民为供应对象。当时美国农村比较落后，交通不便，农民虽购买力不高，但总体上看却是一个巨大的市场。要开拓这个市场，必须采用一套有针对性的经营方式。首先要组织生产和提供符合农村需要的商品；其次要做到价格稳定，供应稳定，产品耐用；此外，还要克服交通不便等困难，准时交货，建立良好的商业信誉。

西尔斯公司的创始人理查德·西尔斯原是一个铁路货运的代理商。因为几次遭遇拒绝收货，影响了他的生意，在无可奈何中想到利用邮寄送货，结果非常顺利。他对美国农村市场的特点了如指掌，大胆创新，逐步形成了一套行之有效的新型销售和经营办法。

1895 年，米利斯·洛森沃加入了西尔斯公司，他对公司的发展，特别是邮购业务的扩展，起到了极其重要的作用。邮购商品的特点是利用信件订货，又通过邮件付货，从而把买卖双方面对面成交的市场，从商店延伸到消费者的家中，消费者足不出户，坐在家里根据商品样本或广告订货单，即可订货。邮购商品并不是西尔斯公司的首创，但使邮购逐步发展成为重要的大规模零售商业形态，西尔斯公司起了决定性的作用。

基于邮购非常适合当时美国农民交通不便、进城购物困难的状况，西尔斯对邮购业务倾注了大量心血，采取了一系列措施。例如，西尔斯公司从市场调查分析入手，精心编印了非常实用的邮购商品样本。坚持“保证满意，否则全款退还”的经营方针，建立了高效的组织管理系统，让管理人员既拥有权力，又担负责任。它的经营原则是既要物美又要价廉，真正做到薄利多销。

从 20 世纪初起，西尔斯公司便在总部所在地芝加哥成立了邮购工厂，采用标准的流水作业方式生产物美价廉的产品。西尔斯公司与各主要制造商还建立起了一种特殊的代理关系。从而保证了将质优价廉的产品源源不断地提供给消费者。

20 世纪 20 年代后期，伍德接过了西尔斯公司的指挥棒，他针对当时美国市场的变化，尤其是农村市场的变化，采取了新的经营策略。他一方面继续抓好邮购业务，另一方面，则下大力气发展门市零售——零售商店，同时他还扩大服务对象，为城市居民和农民消费者服务。1925—1929 年，西尔斯公司陆续开设了 324 家零售商店。到 1931 年，零售营业额已经超出过去邮购销售的营业额。邮购业务是高度集中的，但遍布美国的零售商店却不能事事均由总经理管理，必须有更有效、更合理的管理机制，而各地区商店的独立经营和公司的统一领导，又是缺一不可的。既要实现中央集中采购，又要多店铺分散销售，因此，伍德采用了采购部门的集权管理与销售部门分权管理相结合的新的经营管理模式。

20世纪50年代初期，西尔斯公司又首创了郊区型购物中心。融商业、服务业、娱乐业为一体的购物中心，受到消费者的欢迎，很快遍及美国。郊区型购物中心的出现，不仅是商业设施上的一大改革，更对美国消费者的购物习惯、生活方式产生了影响。

“百年老店”西尔斯公司经历了美国社会生活的几次大变革，抓住了变化，跟上了潮流，在稳定中成长和发展，已成为美国历史上经营最成功和最赢利的企业之一。

执行力金句：

要注重考察员工的执行能力，选用具有执行力的人，把他们安排在最合适的岗位上，再利用各种激励方法，使其出色地完成工作。要用系统的眼光看执行，重视运营流程。运营是战略与现实之间的桥梁，是实现整个企业管理有效循环的重要保障。

◆ 突破自我，预见未来

2013年5月10日晚，杭州小雨淅沥，略有寒意。在黄龙体育中心举办的“淘宝十周年”晚会盛况空前，能够容纳四万人的场馆座无虚席。

这是阿里巴巴董事长马云作为阿里巴巴CEO，对近四万名观众进行的最后一次演讲，他在演讲中宣布正式辞去阿里巴巴CEO一职。

马云的离职演说，一如既往，声情并茂，慷慨激昂。对于变化，马云感慨地说“我们认为，除了我们的梦想之外，唯一不变的是变化！这是个高速变化的世界，我们的产业在变，我们的环境在变，我们自己在变，我们的对手也在变……我们周围的一切全在变化之中！”

互联网最大的特征就是变化，只有充分重视变化、预测变化，并且抢在变化之前采取行动来应对变化，才是最好的办法。马云说：“我感谢这个变化的时代，我感谢无数人的抱怨，因为在别人抱怨的时候，我们才会有机会，只有变化的时代，才是每个人看清自己有什么、要什么、该放弃什么的时候。”

马云强调，面对变化，我们要主动拥抱变化。阿里巴巴对拥抱变化的详细阐述是：“突破自我，迎接变化。我们对于本行业的特点有深刻的认识，坚信变化是我们的日常生活。对于公司的变化，认真思考，充分理解，积极接受并影响和带动同事。对于变化对个人产生的影响，理性对待，充分沟通，诚意配合。在工作中善于自我调整，具备前瞻意识，建立新方法、新思路。面对变化后产生的挫折和失败，能够重新调整，以更积极的心态投入到改进中。”

这个世界处于不断变化中，面对变化，必须毫不畏惧，并且要主动抓住变化。才有可能成功。

下面就是马云在辞去阿里巴巴 CEO 大会上发表演讲时的笔录：

十年以前我们看到无数家伟大的公司，我们曾经也迷茫过，我们还有机会吗？但是经过十年的坚持、执着，我们走到了今天。假如不是一个变化的时代，就轮不到各位在座的年轻人，工业时代是论资排辈的。

就是因为我们把握住了所有的变化，我们才看到未来，未来三十年，这个世界、这个中国将会有更多的变化，这个变化对每一个人是一个机会，请抓住这次机会，我们很多人埋怨昨天，三十年以前的问题，中国发展到今天，谁都没有经验，世界发展到今天，谁都没有经验，我们没有办法改变昨天，但是三十年以后的今天是我们今天这帮人决定的，改变自己，从点滴做起，坚持十年，这是每个人的梦想。

我感谢这个变化的时代，我感谢无数人的抱怨，因为在别人抱怨的时候，我们才会有机会。只有变化的时代，才是每个人看清自己有什么、要什么、该放弃什么的时候。

我们处于一个急速变革的时代，这个时代以前所未有的速度改变了人类的生活。对于企业家而言，首先要把握已经发生了的变化。如果对已经发生的变化无动于衷，那又怎么可能应对未来的变化呢?

倘若洛克菲勒在100多年前，不能洞察到石油行业所存在的巨大发展空间，那他将永远是个三流商人；倘若卡尔·本茨不能预见到汽车行业的发展趋势，那么世界上第一辆汽车的发明者将是戴姆勒；倘若李嘉诚不能预料到塑料花行业的衰落，那他将是一个破产的倒霉老板；倘若张瑞敏在短缺经济时代不能预想到质量对家电的重要性，那么海尔将是龟缩在青岛的一家小工厂；倘若比尔·盖茨不能预感到个人电脑时代的到来，那他只是一个默默无闻的哈佛毕业生……

有太多的“倘若”被预见和洞察力所改变，而正是企业家的这种对未来的强烈预见能力，使他们成功地站在时代前列，成为商业时代的英雄。可以说，预见趋势，洞察变化，是一种典型的企业家精神。

对于企业家而言，更要重视已经发生的因素，这些因素不是企业内部可以掌控的，它们完全受制于企业的外部环境。社会变革、经济结构转型、知识文化的转向，都会引发企业的变革。简单地讲，未来的不确定性越来越强。

对于企业家而言，要生存，就要认识趋势，就要认识变化，就要认识不确定性。有变化就有趋势，有趋势企业家就需要应对。对企业来说，不确定性永远存在，在中国目前的经济环境中这一点更为明显，企业家往往很难确定企业的未来，很难确定自己的战略。其根本原因就在于对社会的认识、对趋势的认识失之片面、流于表面。不确定性并不可怕，关键在于管理者必须学习在不确定性中寻找发展的机遇和变动的机遇。

正是因为不确定性的广泛存在，预见性才显得尤为关键，领导者应当能够预见趋势的发展。领导者无须把不确定性当成威胁，应积极衡量它将带给企业什么机遇，因为“意外事件”和“不一致性”恰恰是公司创新的重要组成部分。对于企业家而言，在这个充满不确定性的时代，学会如何创新和准确地预见形势，比具体的管理技巧重要得多。

企业家要感知外在世界的变化，而不仅仅是企业内部的变化，外部的变化是一种趋势，一种社会潮流，一种新模式的突破，而能否感知这一切，取决于管理者是否具有高度敏感和富有洞察力的心。

洞察力就是用敏锐的眼光准确地观察复杂多变的事物之间相互关系的能力，这种能力使我们能从长远的角度考虑问题、观察形式、认识困难、把握机遇。

经济学家卡斯纳说：“以深刻而敏锐的洞察力去发现时机，是管理者精神的本质。”具有非凡洞察力的管理者善于发现他人未曾注意的问题，能够抢得先机，最先发现新颖的、潜在的、更具价值的目标。

具有敏锐洞察力的管理者能够抓住转瞬即逝的机会，能够避免小问题诱发大危机，而缺乏洞察力的管理者则会因为瞬间的粗心大意导致失败。在激烈竞争的市场上脱颖而出的企业，背后必有一位洞察力非凡的管理者。

管理者的重要职责是预测和把握方向，带领团队实现既定目标，而敏锐的洞察力是确保目标实现的重要条件。具备敏锐洞察力的管理者能透过现象看本质，对一些情感、行为的动机和相互关系进行透彻分析，并能系统而整体性地透视问题，见树又见林；相反，如果缺乏这种洞察力，就会跌跌撞撞，在黑暗和混乱中摸索，不能辨别行为、愿景、目标、结果之间的内在关系，会被困在疑惑不清、优柔寡断、半信半疑的圈套中。

执行力金句：

企业应一切以执行为中心。很多企业把战略作为中心，最终只能使战略停留在文字上。事实上，再好的战略都是海市蜃楼，执行才是企业成长的核心要素。

◆ 唯一不变的是变化

在一个不断变化的世界，所谓的稳定都是相对的、暂时的。世间万物无不是瞬息万变，不变是转瞬即逝的、表面的，唯有变化才是永恒的。社会随着时间的推移，不断地变化着；市场随着社会的变化，不断地变化着；人也会随着环境的变迁，不断地变化着。时代变了，你的心态，想法，甚至对待同一事务的态度都会变化。即使你不变，你的参照物也会变，你的公司会变，朋友会变，情人会变……

事实上，当别人都说“以不变应万变”时，马云却说“拥抱变化”。阿里巴巴不仅有“三个代表”——代表客户利益，代表员工利益，代表广大股东的利益，还有“四项基本原则”，而这四项基本原则的第一项就是：“唯一不变的是变化”。

对于“唯一不变的是变化”，马云是这样解释的：“我们在不断的变化中求生存，在不断的变化中求发展。如果发现公司没有变化，公司一定有压力，所以说我希望告诉你们每一个人，看看你自己的成长，是否带来变化，Transformation（改变）也是变化，我们的网站，我们的 Traffic（交易量），我们的Revenue（收益），各方面是不是有变化，我们的服务策略是不是有变化。我们要不断适应这种变化，如果你觉得昨天赢的东西你今天还希望这样赢，很难了。一定要创新，变化中才能出创新，所以要学会在变化中求生存。”

马云建立阿里巴巴时，很多电子商务公司都是面向大企业的，而马云却认为，随着网络的普及，大公司模式很可能走向终结。因为在互联网时代，对一家公司而言，不需要太多资金就能进入国外市场，从互联网大量的即时性信息中，中小企业可以很方便、很及时地获得更多的市场机会。因此，他将目光放到了中小企业上。

当时很多人还不知道电子商务是什么，马云已经敏锐地捕捉到了这个新事物，并意识到电子商务一定能为这个时代带来巨大变化。马云想：“我为什么不能给众多的中小企业一个网络出口呢？”于是，不同于当时任何电子商务模式的模式，专门为中小企业服务的“阿里巴巴”就这样诞生了。

可以说，阿里巴巴自诞生之始就是变化的产物，随后在互联网的风云突变中，不断地应对变化，不断地调整自己，同时也在不断地创造着变化。伴随着变化，阿里巴巴一直走到今天。

其实，互联网行业本身就是变幻莫测的，它的发展以及未来都不能真正让人看得清楚。事实上，整个互联网都是在不断的变化中发展起来的。“以变制变”，让马云和他的阿里巴巴在互联网的浪潮中如鱼得水，变化的形势反而给了马云更多的机会，他在变中准备，在变中求胜。

2008年3月，马云在湖畔学院的讲话中说道：“创新是寻求变化的一条路。创造变化、拥抱变化是我的理想，这么多年来阿里巴巴最独特的一点就是拥抱变化。”

拥抱变化是一种境界，是一种创新。拥抱变化是在不断地创造变化。

变化有的时候是为变而变，但更多的时候你要先于别人。这个就属于创造变化，为了躲开想象中的灾难，为了抓住想象中的机会，你要不断调整。所以“拥抱变化”其中一个很重要的点，大家要去理解，就是这个变化绝对不是不好的变化，而是你对灾难的预测，对趋势的预测。

“拥抱变化”的学问非常深，因为它是创新的体现，也是一个危机感的体现。一个没有拥抱变化、创造变化的人是没有危机感的，一个不愿意去创造变化和拥抱变化甚至是改变自己的人，我不相信他有创新。变化是最可能体现创新的。

东西方哲学的核心思想就是拥抱变化、创造变化。当变革来的时候，你要做的，就是放弃昨天还认为是最重要的事——就像下围棋，看清全盘后，要学会“弃子”。

要把机会做大做强，将公司与制度、文化、人才紧密结合，从商人晋级到企业家，企业才能长存，这对每个企业领导者来说都是极大的挑战。

英特尔总裁格鲁夫说：“在这个快速变化的环境中，面对这么多强劲的对手，为什么我们始终能保持这样的竞争力？因为我们清楚地意识到当今世界唯一不变的只有一个——变化。所以，当今世界企业之间的竞争本质上是学习速度的竞争。我们要想有持久的竞争力，唯一的办法就是比别人学得更快。”

《鬼谷子》中说：“变化无穷，各有所归，或阴或阳，或柔或刚，或开或闭，或弛或张。”企业要与时、事、势而移，及时地调整战略。在市场经济飞速发展的今天，很多管理者都会有这样的感悟，即变化是唯一不变的真理。只有企业跟随市场的变化而变化，才能使自身具有竞争力，故步自封只会被市场无情地淘汰。

创新是时代的要求，是个人成长和企业发展的关键，如果忽视了创新，必将面临一个惨淡的结局——灭亡。这种观念无论对企业还是对个人，都是适用的。“不创新，就灭亡。”美国福特公司的创始人亨利·福特以简短而有力的陈述概括了这种观念。他为什么说这句话呢？是因为他从创新中获得了可观的收益吗？事实并非如此。实际上，他曾经因为思想停滞不前、不知创新，而使曾经辉煌的“福特帝国”一度淡出了汽车市场争霸的擂台。这句话是他对失败教训的总结。

福特汽车公司的创始人老福特，从小在农村生活，他了解美国的农村，了解农民的需求，基于这些了解，他生产出了操作简单、结实耐用、价格低廉的T型车，迎合了大多数人的需要。很快，福特汽车占据了世界汽车市场68%的份额。

老福特还在不断创新，当时其他汽车制造厂家都要求工人每天工作十个小时，每天薪酬三美元，他却提出“八小时工作制”“每天五美元”。表面上看，这对他的原始积累很不利，但这使福特公司吸引了很多熟练工人，提高了工作效率。

另外，他还发明了“生产流水线”，创造性地提出了“科学管理”的商业管理理论，当时几乎可以用富可敌国来形容福特家族。

但是后来，老福特的创新逐渐教条化。到20世纪20年代，美国社会进入了大众化富裕的时代，但老福特仍拼命地生产T型车。他没有察觉到美国人已经不需要这种车了，人们开始要求车子速度快、造型美观、具有个性化特色。但是，福特汽车公司的产品不仅颜色单调，而且耗油量大、排废量大，完全不符合日益紧张的石油供应和日趋严峻的环境保护形势。

小福特建议老福特推出豪华型轿车，但建议未被老福特所采纳。此时通用汽车和其他几家公司则紧扣市场需求，制订了正确的战略规划，生产出节能省耗、小型轻便的汽车，在20世纪70年代的石油危机中，跃然居上，而福特汽车公司则濒临破产。

此时，老福特才意识到自己的错误，于是转而根据小福特的意见推出豪华型轿车，但是先机已经失去，直到今天，福特汽车也没有夺回昔日龙头老大的宝座。在这种情况下，老福特用血的教训总结出："不创新，就灭亡。"

企业界中有"人无我有，人有我新，人优我转"的经营秘诀，其核心思想就是出奇制胜。无论是新产品开发、广告宣传，还是营销手段等都应力求新奇，而不步人后尘。如果只是一味地效仿别人，而不知创新求变，那么企业最终将会失去市场。

世界上没有一成不变的东西，所有的事物都是在变化的。面对这些变化我们不能畏惧或逃避，而应该积极地迎接这些变化，认识这些变化，并相应做出调整和改善，只有这样才能成为一个真正的强者。

执行力金句：

提高企业执行力，必须突出抓好三个流程的管理：一是信息流程。要保持企业内部、企业与外部的信息畅通，以提供及时有效的信息反馈，解决工作中存在的问题。二是运营流程。运营流程即实施步骤，它通过详细的跟进措施确保每个人都能完成自己的任务。三是人员流程。

第十二章　坚韧，锤炼执行力

“领导”的职责无非两条，一个是“领”，一个是“导”。所谓“领”，就是要率先示范，以身作则，坚忍不拔，充分发挥领导的模范和带头作用。所谓“导”，就是要在“领”的基础上，把握方向和大局，及时化解矛盾和问题，纠正偏差和错误，引导企业朝着正确的方向前进，促进企业的发展。

◆ 死扛下去总是有机会的

管理者的一项重要能力是锤炼下属使别人执行的能力，下属的执行力强大与否与此有很大关系。要做好战略已不易，贯彻更不易。“使之执行”的能力就是管理者最好的执行力。当下属情绪激昂，心情愉悦的时候，不用我们督促，他的执行力就会很高，行为很积极主动；反之，当他的情绪不高，心情郁闷的时候，即使他嘴里对我们说“一定好好干”，但其行动一定是不理想的，执行力也不可能有多强。

“死扛下去”体现的是一种完美的执行能力，一种服从、诚实的态度，一种负责、敬业的精神。在现实生活中，我们缺少的正是这种人：他们想尽办法去完成任务，而不是去寻找借口。每个组织并不缺乏伟大的战略，真正需要的是，把战略落实到位的执行力。毕竟，再不景气，仍有公司达到预定的运营目标；构想再伟大，也要有人将它实践出来，这一切靠的就是执行力。

2004 年，马云入选 CCTV 中国经济年度人物的理由是，他领导着全球唯一一家连续五年当选最佳的网站，为 220 个国家和地区的 550 万客户服务，仅用一年半就将淘宝网打造成中国第一的个人交易网站。评委会认为，阿里巴巴把互联网和商业结合起来，创造了电子商务新模式，用电子商务整合传统产业。最值得称道的是，马云的阿里巴巴推动了中国商业信用的建立，在激烈的国际竞争中为大量的国内中小企业创造了无限商机，让买家和卖家直接见面。

阿里巴巴开办了中国第一个互联网商业网站，提出并实践了面向亚洲中小企业的 B2B 电子商务模式，马云也是中国大陆首位登上《福布斯》

封面的企业家。

马云曾说："阿里巴巴在成立的1999年、2000年、2001年、2002年，我们几乎分文不赚，每年在亏损，每天在亏损。"马云也说过："永远不要跟别人比幸运，我从来没想过我比别人幸运，我也许比他们更有毅力，在最困难的时候。他们熬不住了，我可以多熬一秒钟、两秒钟。有时候死扛下去总是有机会的。"马云说到了，也做到了，在认定梦想后始终坚持，这让他终于取得了令人瞩目的成就。

成功是一种坚持的成功，创业是一辈子的创业。放弃就等于失败，只有坚持才有可能成功。虽说阿里巴巴已经非常成功了，但是马云仍然不忘告诫公司员工，要对外界的赞誉保持冷静。坚持创业精神，永保"零度"状态，不断进取。从创业的第一天起，创业者每天都要不断地面对困难和失败，而不是成功。试问哪一个创业者不是承受了各方的压力，最终将压力巧妙地转换为动力而获得成功的？

今天的张瑞敏说起海尔可以谈笑风生，可有多少人知道1984年他刚刚到海尔时承受的压力？那时的海尔，设备简陋、员工素质低劣、工作环境一塌糊涂、工作制度形同虚设，让人怎么也想象不到它未来会有什么出息。

在张瑞敏之前，海尔已经陆陆续续更换了四届厂长，每一位厂长来时都踌躇满志，离任时又万般无奈。张瑞敏临危受命，为了生存，为了企业的发展，他开始顶着压力进行改革，首当其冲的就是后来我们熟知的"海尔十三条"。正是在他破釜沉舟的改革下海尔开始步入正轨。

在海尔最艰难的时候，在众人都看不到希望的时候，张瑞敏仍没有动过"放弃"的念头，他冲破了一切压力、阻力，带领海尔走向了世界。

2004年，马云荣获"CCTV中国经济年度人物奖"，他激动地说：五年以前也是这个时候，在长城上，我跟同事想创办一个全世界最伟大的公司，我们希望全世界只要是商人就一定要用我们的平台。当时产生的这个想法，使我被很多人认为是疯子，这五年里一直有很多人认为我是疯子，但不管别人怎么说，我从来没有改变过一个中国人想创办全世界最伟大公司的梦想。

1999年，我们提出要做80年，在互联网最不景气的2001年和2002年，我们在公司里面讲得最多的词就是“活着”。如果所有互联网公司都死了，而我们还活着，我们就赢了。我永远相信只要永不放弃，就有机会。

最后，我们还是坚信一点，这世界上只要有梦想，只要不断努力，只要不断学习，就有成功的那一天。今天很残酷，明天更残酷，后天很美好，但是绝大部分人是死在明天晚上，只有那些真正的英雄才能见到后天的太阳。

没错，创业者要坚持自己的信念和理想，永不言弃。创业者要时刻保持清醒的头脑，不为眼前小利所动，不做昧良心的产品；更为重要的是，创业者要能耐得住寂寞，静心做技术和产品的创新，稳扎稳打，夯实企业发展的根基。

往往坚持才会换来机会。创业者应该把企业当成实践人生理想的平台，而不仅仅是谋利的机器。虽然企业的经营本质是赢利，然而凡是成功的企业，都是具有信念的企业。坚持信念和赚钱并不矛盾，只要坚持信念、专注目标，就会获得竞争优势，获得利润。

执行力金句：

“企业只需要一个思想家，其他的员工必须是立刻、现在、马上的执行者。”马云就像个布道者，站在整个大行业、大市场的全局高度上，制订政策，调整战略，用自己极具魄力又不乏求实的思想书写着阿里巴巴的传奇。

◆ 困难时，抱着左手暖右手

企业必先有执行力，才会有竞争力。执行力，如同武器的杀伤力，军队的战斗力。缺乏执行力，就是武器打不响，军队打不了胜仗。而企业管理者就是企业的指挥官。执行力弱，即便敌人来了，手中的武器也毫无杀伤力，只能束手就擒，或眼睁睁地看着机会流失。

我们知道，对于企业家，外人看到的都是光辉灿烂的一面，而他们付出的代价却鲜为人知。马云说，在企业家所经历的一切之中，外人看到的辉煌一面只占20%，而艰难的一面多达80%，多年来他一路挫折，根本没有辉煌的过去可谈。每一天、每一步、每一个决定都是艰难的。

马云说：创业的时候，我的同事可能流过泪，我的朋友可能流过泪，但我没有，因为流泪没有用。困难的时候，你要学会用左手温暖你的右手。在你开心的时候，把开心带给别人；在你不开心的时候，别人才会把开心带给你。开心快乐是一种投资，你开心就要和别人分享，然后有一天别人也会回报你。

如果你在创业第一天就说：我是来享受痛苦的，那么你就会变得很开心。我在1992年做销售的时候，曾经说过，创业中乐观主义很重要，销售10次，10次为零，出去以后，果然是零，说得真对，要奖励一下自己。

商业不外乎智慧、希望及勇气，这些都是经商的必要技巧。遇到问题时，我习惯用左手温暖右手，要不断告诉自己，没关系，我还是我，我还在学习成长，一切都会好的，至少我还活着。

马云抱着困难时用左手温暖右手的乐观心态克服了一个又一个困难。在他看来，创业者要学会自己保护自己。

即便是现在，马云也很少向员工和身边的高管诉说自己的压力。闪光灯下的马云，员工面前的马云总是像一个顽童一样，他的言行举止表现出一种常人难有的洒脱。马云是一个乐观主义者，像诗人一样幻想着未来商业界的新文明，幻想着阿里巴巴会带给全球一个美丽新世界。马云就这样在创业的路上一边舔舐伤口，一边微笑前行。

马云看重团队合作，但是对于自己能够解决的问题他会更多地选择担当。阿里巴巴公司的发展深受马云的影响，在面临困难时阿里巴巴首先想到的是自己解决，而不是依赖外界。更多的时候，阿里巴巴团队在温暖别人、帮助别人。

在别人看来，阿里巴巴近一年发展得如此之快，而实际上，为了这一年他们积累了五年的经验，而且付出的比别人十年付出的还要多。马云认为，这些年他得到的最珍贵的是犯了很多错误，走了很多弯路，而这些使得他和他的团队更有信心面对明天的挑战。别人没想到办互联网企业会这么痛苦，但自己有比这痛苦 20 倍的心理准备，所以他不会失败。只要面对现实，敢于承认错误，总会有解决问题的办法。

创业者应该期待未来的路上有更多的磨难，这样可以促使创业者迅速成长，更快地获得成功。马云说，害怕困难是人的本性，每个人在遇到困难时都会有负面的情绪，但是，创业过程中的困难是非常多的，如何调整自己的情绪以渡过难关，是一个心态问题。“用左手温暖右手”是创业者必须具备的一种心态，要学会保护自己，尽自己最大的努力去克服创业的种种艰辛。

创业从来都与坎坷相伴，哪个创业成功人士背后，没有一段浸满辛酸、充满泪水的往事？马云乐观地说，面对各种无法控制的变化，真正的创业者必须懂得用乐观和主动的心态去拥抱现实。当然，变化是痛苦的，但机会往往也是从适应变化的痛苦中获得。这么多年来，马云已经经历了很多的痛苦，所以不在乎后面更多的痛苦，反正来一个他灭一个。

从内心来讲，马云是反对大学生创业的。他说，大学生首先应该抓紧时间把书读好，其次是多参加一些社会实践活动，社会实践比创业更重要。他觉得创业很难，是一辈子的事情，上大学不要创业。

按常规来说，创业成功的人，一般会告诉别人创业是多么美好，所以几乎没有人相信，以上这段话是马云在创业成功后说的。由此可见，创业确实艰难。马云用自己的左手温暖右手，是一种坚强，一种在困境中奋发的良好心态，一种创业失败时宠辱不惊的坦然。古人常说“人贵有恒”，马云有恒心，更有乐观的心态，所以他能够成功。

执行力金句：

企业领导要做有执行力的管理者，实际工作中要坚持这样几个原则：鼓励观点碰撞的原则，鼓励工作人员结合工作实际提出不同意见；建立信任，管理者要以良好的性格赢得员工信任，做一位服务型的领导人。

◆ 放弃意味着失败

一位哲人曾经说过：“如果在困境前止步，往往只会拥抱失败；如果在困境中坚守，常常会迎来成功。”是的，成功在于坚持，放弃则意味着失败。

我们大部分人的缺点，就是心中有志于成功，然而在遭遇多次挫折打击之后却不肯再次努力去求得成功，而是选择了放弃。殊不知，也许再坚持一下，再努力一点，就能抓住成功，而不是与它擦肩而过。“世界上没有一样东西可取代毅力”，洛克菲勒曾这样说过。

最开始创业的那段时间，马云的力量还显得非常弱小，甚至一起创业的伙伴都时常会打退堂鼓，需要他不断地进行说服和沟通，以帮助他们打消心理顾虑，继续跟他走下去。

在这种情况下，马云超乎寻常的自信和坚定发挥了重要作用。回顾阿里巴巴的整个发展历程，马云无疑为我们提供了许多成功的经验，其中很重要的一条就是：“只有活下来的才是强者。”

世纪之交，互联网行业进入寒冬。2000 年 9 月 10 日，阿里巴巴宣布进入高度危机状态。紧接着，当年年底，马云宣布全球大裁员。顷刻间阿里巴巴内部人心惶惶，只有马云依然坚信：阿里巴巴的未来是光明的、不可限量的。

当时大多数人都不看好阿里巴巴的未来，因为他们没有任何成熟的产品可以销售，从那仅有 10 人的销售队伍就可以看得出来。2001 年，马云立下誓言：“2002 年实现 1 元钱的盈利。”最终，他没有违背诺言，2002 年 12 月底，阿里巴巴实现了 1 元钱的盈利。从此，马云开始了越发“离谱”的理想主义计划。在 2002 年的年终会议上，马云提出：“2003 年，阿里巴巴全年务必实现 1 亿元盈利。”从 1 元到 1 亿元的飞跃，简直是痴人说梦，讨论过程中，反对马云的人甚至站起来拍桌子叫板。然而马云决心已定，不可更改。

出人意料的是，正如马云预期的那样，2003 年阿里巴巴很顺利地完成了 1 亿元的盈利。还是在年终会议上，又一个疯狂的目标被抛了出来：“2004 年，每天实现利润 100 万元，2005 年，每天缴税 100 万元。”

马云说："面对困难，第一要相信你能活，第二要相信你有坚强的存活毅力。只有坚强地活下去，这样的人才是生活的强者。当目标正确的时候，放弃就等于失败，只有坚持才能成功。"他还说："人要成功一定要有永不放弃的精神，人生最大的失败就是放弃，绝大多数人在变化中放弃，其实非常可惜和遗憾。"

西点校友、国际银行主席奥姆斯特德对此也有同感，他说："以顽强的毅力和百折不挠的奋斗精神去迎接生活中的各种挑战，你才能免遭淘汰。"

西点的录用标准是极其苛刻的，其淘汰机制更加严格。在1999年美国公布的全国大学录取率统计中，西点军校的录取率为11%，与哈佛大学、耶鲁大学、哥伦比亚大学等常春藤高校一起，被列为美国最难考的大学。

尽管西点军校接受议员的推荐名单，但对议员的推荐名额有明确的法律规定：每个州10个名额，由2名参议员从该州各推荐5名；每个国会选区5个名额，由该选区选出的众议员从该选区推荐；副总统可从全国范围内挑选5人；如果不超出招生名额，总统可从连续服役8年以上军人的子女中挑选30人；军种部长可从该军种士兵中挑选30人。

对于被录取的学生，西点军校也有明确的淘汰规定：4个学年结束时总淘汰率要保持在25%左右，其中第一年就必须淘汰10%的学员。全程淘汰制度保证了能够通过4年学业的人，基本上都是能够在艰苦条件下承担重任且绝不轻言放弃的人。

因此，每一个真正的西点人，都是长跑中的胜利者，西点的学校生活就是战斗，训练场就是战场，训练中无不体现了战场上的严格与残酷。西点学员要经历大量的痛苦和折磨，要与阻碍、困苦做大量的斗争，但在他们的词典里，没有"放弃"这个词。

马云有个著名的“失败”理论，叫作：最大的失败就是放弃！他解释：创业的过程中，今天很残酷，明天更残酷，后天很美好，但绝大部分人死在“明天”晚上，所以每个人都不要选择放弃。

很多人比我们聪明，很多人比我们努力，为什么我们成功了？难道是我们拥有了财富，而别人没有？当然不是。一个重要的原因是我们坚持下来了。

我想告诉大家，创业、做企业，其实很简单。只要有一个强烈的欲望：我想做什么事情？我想改变什么事情？你想清楚之后，要永远坚持这一点。

为什么我的座右铭是“永不放弃”？因为这世界上最大的失败就是放弃，放弃其实是最容易的。所以我想讲的是，活着就是胜利。这个世界上最痛苦的是坚持，而最快乐的也是坚持。

我一直认为，人一辈子都在创业。以前深圳有一个口号叫作“二次创业”，我不太同意这个说法。同一批领导是没有办法二次创业的，因为从第一天创业起你就一直在创业。

互联网进入冬天的时候，我们既没有品牌，也缺少可用资金，整个市场形势不是非常好，大家听到“互联网”三个字转身就跑。当时很多人进来，也有很多人出去。我记得有一位年轻人，刚刚进入公司的时候我跟他说希望他能够在最艰难的时候坚持下来，不要放弃。

这个年轻人说：“我记住了，五年之内我绝对不会走。”接下来的五年，他们一起来的人都走掉了，当他快坚持不住的时候我就跟他说我记得他当时讲的话。现在他坚持下来了，无论他的做事风格还是他的成就都已经非常成功了。在长城上我们说要做一个中国人创办的、全世界最好的公司，在最困难的时候，我们永远记得这句话。我不知道该怎样定义成功，但我知道怎样定义失败，那就是放弃。如果你放弃了，你就失败了；如果你有梦想，你不放弃，你就永远有希望和机会。

事实上，竞争有时就是意志的较量，咬牙挺住了，胜利就很可能属于你。一切贵在有恒，只要坚持，再弱小的力量也能创造出意想不到的效果。永不言败是一种不达目的誓不罢休的勇气，更是一种智慧，一种坚持到底、开拓进取的动力源泉。

第二次世界大战后，功成身退的英国首相丘吉尔应邀在剑桥大学毕业典礼上发表演讲。经过邀请方一番隆重但稍显冗长的客套之后，丘吉尔走上讲台。只见他两手抓住讲台，注视着观众，沉默了两分钟后，他开口说："永远，永远，永远不要放弃！"在又一阵长长的沉默过后，他再次强调："永远，永远，不要放弃！"最后，他注视听众片刻后便立即回座。场下的人这才明白过来，紧接着便是雷鸣般的掌声。

这场演讲是演讲史上的经典，也是丘吉尔最脍炙人口的一次演讲。丘吉尔用他一生的成功经验告诉人们："成功的秘诀就是坚持到底，永不放弃！"

亚伯拉罕·林肯（1809年—1865年）是美国的第16任总统。在其总统任内，美国爆发了内战，史称南北战争。林肯击败了南方分离势力，废除了奴隶制度，维护了国家的统一。但就在内战结束后不久，林肯不幸遇刺身亡。他是第一位遭到刺杀的美国总统，更是一位出身贫寒的伟大总统。洛克菲勒对林肯先生充满了无限的敬意。在他的心目中，林肯永远是不被困难吓倒、不屈不挠的化身。林肯生下来就一贫如洗，曾被赶出家园。他第一次经商就失败了，第二次经商败得更惨，以至于用去十几年的时间他才还清了债务。他的从政之路同样坎坷，他第一次竞选州议员就遭失败，并丢掉了工作。幸运的是，他第二次竞选成功了。但接下来是丧失亲人的痛苦以及竞选州参议员发言人的失败在等待着他。然而他依然没有灰心，在以后的竞选中他曾六度失败，但每次失败过后他仍是力争上游，直至当选美国总统。每次竞选失败过后，林肯都会激励自己："这不过是滑了一跤而已，并不是死了爬不起来了。"这些词汇是克服困难的力量，更是林肯终于享有盛名的利器，由此可见林肯对成功人生的不懈追求和执着精神。

中国有句老话叫作："水滴石穿，绳锯木断。"为什么微不足道的水能把石头滴穿？柔软的绳子能把硬邦邦的木头锯断？很显然，这是不放弃和坚持的意志品质在起作用。阿里巴巴成功之前遭遇过失败，然而他们不畏失败，坚持不懈地努力，今天，终于成为全球企业的标杆，这不能不引起我们的思考。

执行力金句：

很多时候，来自外界的太多的批评、打击和挫折，限制和阻碍了我们奋发向上、再试一次的热情和欲望。其实，成功只属于那些不懈努力的人，放弃则意味着失败。当然了，有一种放弃叫作"审时度势"，它属于例外。

第十三章　竞争，挑战执行力

企业不能没有执行力，现代企业之间的竞争就是执行力的竞争，谁有执行力谁就有市场，谁就有客户，就能获得更多的效益，企业的发展需要执行力的支持，没有执行力的企业也是没有生机的，企业也不会得到发展。

◆ 有竞争对手是一种福分

有资料说：日本的北海道盛产一种味道珍奇的鳗鱼，海边渔民们都以捕捞鳗鱼为生。但这种鱼生命力脆弱，离开深海区，很快就会死亡。奇怪的是，有一位老渔民捕捞的鱼不会死，鳗鱼的价格比死鱼高一倍还多，所以，没几年他便成了富翁。

很多人纳闷：为什么呢？

直到他临死的时候，其中秘密才揭晓：就是在整仓的鳗鱼中，放进几条叫狗鱼的杂鱼。鳗鱼与狗鱼不仅不同类，还是出名的死对头。

几条势单力薄的狗鱼遇到成仓的对手，便惊慌地四处乱窜，反而把一仓死气沉沉的鳗鱼激活了。

原来如此！

一种动物如果没有对手，便会变得死气沉沉；一个人如果没有对手，便会甘于平庸，养成惰性；一个群体如果没有对手，便会因为相互依赖丧失活力。有了对手，才有危机感，才有竞争力；有了对手，便不得不奋发图强，锐意进取。否则，就只有等着被替代，被淘汰！

马云曾说："商场如战场，但商场不是战场。战场上只有你死我才能活，商场上需要的却是不断地学习。"

实际上，竞争并不排斥合作，竞争对手之间同样可以在不损害各自竞争优势的前提下，结成战略联盟。通过合作，双方不仅可以分担产品开发的成本与风险，获取规模效益，还能共享资源与人才。如此一来他们就可以更快地向市场推出更具竞争力的产品，或与更大的竞争对手抗争。

马云向来不害怕竞争并且喜欢挑战强者，但这并不表示他不会与对手合作。在淘宝网与 eBay 针对中国市场的竞争激战正酣时，却传来了雅虎和 eBay 双方建立为期数年的战略合作伙伴关系的消息。

所以很多人认为淘宝网将会在与 eBay 的竞争中由于雅虎的介入而受影响，但是马云表示，两者的合作不会影响到淘宝的发展。雅虎在阿里巴巴不过是个投资者，决策还是由阿里巴巴来做，而雅虎中国已经是一个独立的法人实体，美国雅虎的合作不会影响到中国的业务。

更令人意想不到的是马云参与促成了雅虎与 eBay 的合作，马云在双方的合作中扮演了牵线搭桥的角色。对此马云有自己的看法，在竞争中有合作是未来互联网市场的发展趋势。他说："我希望能够在美国出现这样的先例后，中国市场也能够随即引进这种状态。未来不排除阿里巴巴与竞争对手的合作，淘宝与易趣、淘宝与百度、淘宝与谷歌，都存在这种可能性。"

马云对阿里巴巴的对手所持的态度是："尊重、欣赏、学习！"他认为竞争是件好事，因为市场上的竞争者越多，就说明市场越大，机会也越多。马云将竞争对手当作"竞争队友"而加以感谢，因为在竞争中，自己可以从对手身上学到其长处以补己之短，使自己保持活力，不断向前。

2014 年 3 月 18 日他在北大百年讲堂技术论坛上讲话说：我最开始关注打车软件是在微博上，当时，我也没搞清楚哪个是我们的，我内部问了一下觉得挺好，让老百姓懂得移动支付。后来我觉得这件事情有些过头了，我妈都骂我说打不到车，竞争竟然伤害到了消费者！我们和腾讯经过交流，让市场平静了下来。其实我们两家打起来并不影响友谊，两个生态竞争是好事，不竞争才是一潭死水。

他还说：阿里巴巴几乎每天都要面对各种各样的挑战和变化，我以前总是强迫自己去笑着面对并立刻准备调整适应。今天，我们不仅会乐观应对一切变化，而且懂得了在事情变坏之前自己制造变化。

拿最近的热门话题——雅虎和eBay在美国的合作来说，正是因为看到了未来全球互联网的竞争格局以及如何让用户和企业利益的最大化，我本人也积极地倡导并参与推进了这次的合作。

商场不是战场，商场上是对手不是敌人。商场上没有永久的对手，也没有永久的朋友。走向竞争合作的产业才是成熟的表现，只有一个成熟的产业才能诞生一批成熟的企业。

阿里巴巴有责任推进这样的进程，绝不像外面的专家们说的那样，我们目前处于被动局面！我希望在未来的中国互联网发展过程中，我们也能参与到这样的竞争和合作中去。

的确，商场不同于战场，商场上的双方，无论利益大小多寡，都是在对双方都有利的情况下才能实现合作，双方利益平等共享，即使此次买卖做不成，双方也会着眼于长远合作而不伤和气，正所谓“买卖不成仁义在”。

许多人都把竞争对手视为心腹大患，是眼中钉、肉中刺，恨不得马上除之而后快。其实，能有一个强劲的对手，反而是一种福分，因为一个强劲的对手会让你时刻存在危机感，激发出更加旺盛的精神和斗志。

不论以何种方式竞争，也不论竞争对手是谁、竞争的具体内容怎样，总之，竞争都是为了压倒对方、超越对方。只有在这种压倒和超越对方的竞争中得到心理上的满足，生命才会变得更有意义。

正如马云所说，与优秀的对手竞争是一种乐趣。把竞争当作给予，当作乐趣，当作游戏，才是竞争的最高境界。

执行力金句：

一个行为强劲的对手能让你感到压力，有压力就有动力，才会进步，所以是福分，是造化，是力量。

◆ 化解磨难，做稳做大

2005 年是中国商业互联网诞生的第 10 个年头，同时越来越多的有识之士认为，2005 年中国的互联网公司，在经历了互联网发展时的狂热，互联网泡沫后的精彩，纳斯达克上市的浪潮之后，已经进入一个新的历史时期。

这一年，国内外巨头同台唱戏、连纵开阖更为微妙和精彩；资本角逐与战略布局更为宏大和直接；搜索和电子商务等互联网新领域扩大规模更为决绝和激烈。从这个层面上讲，2005 年更可以因其竞争的日益国际化、规模化、白热化以及对未来战略方向的重新把握和判断层面，而成为中国互联网行业的“元年”。

2005 年 9 月 10 日，由阿里巴巴作为主办方，始创于 2000 年的第五届“西湖论剑”，在杭州西子湖畔如期举行。本届“论剑”的主题为“天下”。极力推广互联网经济的美国前总统比尔·克林顿，以及众多世界顶级互联网公司的 CEO 和中国本土互联网公司的 CEO 出席了本次盛会。

在这个论坛上，马云与主持人、经济学家张维迎有过这样的对话：

张维迎：各位，下面，又一场“西湖论剑”要开场了，这场很特别，我们知道 8 月 11 日那天发生了一件大事情，中国的媒体关注，中国的互联网行业更加关注，美国的华尔街也十分关注，就是阿里巴巴和雅虎“定情”了。为什么说“定情”了，因为那天是农历七月初七，中国农历七月初七是鹊桥日，我不知道为什么挑这个日子，今天是马云和杨致远的论剑，我们有请马云先生，雅虎的“酋长”，也是雅虎的 CEO 杨致远先生！

第一个问题我来提，对话的时候下面有任何问题都可以交流，我提的问题是刚才我所讲的，杨致远先生和马云先生到底互相看重了什么？

杨致远：我很高兴来论剑，没想到今天能到这里来论剑。大家知道我跟马云第一次见面的时候是1997年我第一次来中国，那次马云接待了我，当时我们之间没有商议，完全是友情。第一次见面就觉得他很诚恳，很有雄心，对世界的看法是非常强烈的，那时我觉得他以后肯定会成为不平凡的人，我没想到这次很荣幸又在这里交流。

马云：也许有人觉得10亿美元很多，我觉得这并不算什么。有人认为我很狂妄，我并不这么认为，我第一次上网在雅虎上搜索，我记得第一次碰电脑就是碰到雅虎，在雅虎上搜索啤酒，我没有找到中国啤酒，而是其他国家的啤酒，在里面居然没有中国字，到现在活下来的好像只有雅虎一家。

刚才汪延说因为雅虎免费，我觉得雅虎这么多年来还坚强地活着，而且不断发展，特别是在中国经历了七年的磨难也好，发展也好，我喜欢跟经历过磨难的公司合作。

杨致远先生他比我小，所以我们第一次在长城上感觉就挺不错，当然后来感觉就越来越好了，刚才你说朋友，我觉得不太像，像兄弟差不多。

在此次“论剑”中，马云表示喜欢与经历过磨难的公司合作。雅虎经历过很多磨难而存活下来，并且不断发展。2005年8月，雅虎以10亿美元加上雅虎中国的全部资产兑换阿里巴巴集团39%的普通股（完全摊薄），并获得35%的投票权。雅虎中国的资产包括雅虎门户、搜索、IM产品、3721等。

通过此次交易，阿里巴巴业务涵盖电子商务、搜索、门户和即时通信，成为当时互联网公司中业务覆盖范围最广的一家。马云解释雅巴战略合作原因时称：“合作的主要目的是为了电子商务和搜索引擎。未来的电子商务离不开搜索引擎，今天获得的整个权利使我们把雅虎作为一个强大的后方研发中心”。阿里巴巴的主要业务是B2B和C2C的电子商务，而雅虎中国的主要业务是门户和搜索，门户和搜索能够为阿里巴巴的主业——电子商务提供流量，双方存在协同效应，这就是阿里巴巴“并购”的初衷。

投资大师巴菲特曾经有这样一句名言，“只有大潮退去才能知道谁在裸泳。”在经济状况好的时候，那些一夜成名的明星企业备受关注。但是一遇到市场危机，它们中的绝大多数都会被打回原形。

想要度过寒冬的企业必须拥有扎实的内功，不但要有好的销售业绩，更要有主导企业长期发展的战略体系及相应的组织框架。因此，企业要成就卓越，仅仅区别于供应商或竞争对手还不够，还必须在市场上时刻保持领先的地位。也就是说在市场上，无论是企业形象还是市场份额，都要确保自己能够获得更多用户的信任。

在磨难之中，你当然需要借鉴别人的最佳实践，以减少过程中的痛苦，但是你千万不能错过每一个锤炼自己的机会。

杰克·韦尔奇曾说，一个企业的战略只需要五页PPT就够了；然而，如果没有经过多年的磨难与思考，你如何确保通过如此短的篇幅体现出你的企业智慧呢？

面对危机，每一家公司的收入都会锐减，但只要通过一些科学、先进的组合，依然可以获得“赢”的结果。著名经济与管理学家阿里·德赫斯曾在他的著作《长寿公司》中写道：“度过了无数寒冬的长寿公司都历经经济萧条、技术变革的洗礼，却总能够将自己的触角伸展开，坦然地面对未来将要发生的一切。一句话，它们擅长学习和适应环境。它们对环境非常敏感，能够与时俱进，关注变化，适应市场，适应外界的需求。”

当然，除了企业外部的恶劣环境会影响企业生存外，企业自身在成长过程中也会遭遇种种困难。首先，在初创期，企业信用不高，融资渠道匮乏，可能稍有不慎就会失败，而一旦失败，没有人会为你输血。这一阶段，企业必须为生存而维持收支，这样才不至于夭折。作为企业的管理者，必须知道有收入不等于有利润，有利润不等于有真金白银。很可能你以为你在赚钱，实际上你却在亏损。这是初创期的磨难。

其次，在成长期，很多企业渡过了生存危机，开始扩张，需要大量资金发展市场和扩大生产。企业收入在剧增，但应收账款也在剧增。这时候最危险的莫过于管理者被初期的胜利冲昏头脑，没有节制地进行投资，最终导致资金链断裂。这种悲剧在众多企业中一再上演，表现形式不一，但最终的结局一样——企业破产倒闭。这是成长期的磨难。

最后，在成熟期，企业的业务趋于稳定，现金流充裕，但利润开始减少，成长乏力。这时候的当务之急主要有两个：一是提高企业的效率，想办法降低成本，保持产品在价格上的竞争力；二是探索新的业务，测算好新项目的投入产出。但很多企业缺乏成本控制方法，投资盲目，导致很多项目失败。这是成熟期的磨难。

不管处于哪个阶段，企业管理者只要胸有计划、勤于行动、注重控制、持续改善，就能化解种种磨难，在战胜磨难的过程中，那么企业会越来越强大。可以说，磨难是企业在行业中做稳做大的必经之路。

执行力金句：

权威的统计资料表明，企业员工70%以上的工作能力的获得来自于他的上一级主管，而大量成功企业的经验表明，企业层主管执行能力强的，大多数都很好地扮演了教练员的角色。

◆ 执行，体现在“狠”劲和“匪”劲

孔子说：“欲得其中，必求其上；欲得其上，必求上上。”如果你要求中游，就必须按照上游的要求去做；如果要求上游，就必须按照上上游的标准努力。一个人的成就不会超过他的信念，把成功的标准定高一点，用高标准要求自己，才能出类拔萃。

2005年5月阿里巴巴举行员工大会，会上马云讲道：未来三年，我们的竞争非常残酷，无论是自觉也好，不自觉也好，我们惊动了全世界最强大的竞争对手。

在电子商务领域里面，对于我们来说，eBay今天还是全世界最强大的竞争对手，世界上发展速度最快的公司——谷歌也是我们的竞争对手。国内互联网方面的各大公司，新浪、搜狐、网易、QQ全部把我们当成竞争对手。我们所有的动作都成为他们高度关注的对象。一些IT企业，如IBM、微软，在未来3～5年，也会成为我们的对手。我们的形势非常严峻。

但是，如果阿里巴巴、雅虎、淘宝、支付宝这四个兄弟能手拉手、心连心，互相信任地敞开合作，联合在一起，所有的员工朝着一个目标走，那么我们赢的概率比世界上任何一家公司都大。

在市场竞争中马云体现出了一股“狠”劲和“匪”劲，逢敌敢于亮剑，从来不按常理出招，在自己的实力还比较弱小时就敢于向eBay这样强大的对手挑战。马云没有选择逃避和退让，而是果断组织团队建立淘宝，主动向eBay出击。马云是一个敢于竞争的企业家，面对强大的对手，他不但没有丝毫畏惧，反而更加勇敢、坚定，他理智地思考、分析、学

习、超越。阿里巴巴之所以能走到今天，也是在竞争中逐渐化茧成蝶的。

对此，马云形象地比喻道："就像武侠小说里所描写的，一个有资质的人才总会在一次又一次的比武中得到一些非同寻常的顿悟，进而功力大增。"

竞争不是洪水猛兽，竞争是一种积极的状态。身处竞争之中，我们可以把对手当作磨刀石，与之较量就是不断打磨自己的过程，直至把自己打磨得既锋利又明亮。敢于竞争是创业者把公司做大做强的一种必然要求，一味妥协、退让，只能让你走向失败。

2007 年他在阿里与"五年陈"员工的交流会上说："我们的模式并不比他们差。我认为电子商务和互联网最强大的两种模式，第一个是门户，第二个是搜索引擎。到目前为止，真正 Web2.0 商业模式运用最好的，不是靠广告，而是靠交易赚钱，就是 eBay 和淘宝。"

联想集团总裁柳传志常常挂在嘴边的一句话就是："联想要做百年老字号！"将自己的企业办成"百年老字号"并不是每一个企业家都有勇气定下的目标，尤其是在我国科学技术还相对落后的国情下。谁敢说创百年老字号呢？但柳传志敢。

针对当时不少人对中国计算机产业"红旗到底能扛多久"的疑问。柳传志在各种场合都阐述了同一个观点，那就是，联想应该是一个长久性的公司。对于联想来说，立长志是第一位的，联想绝不做短跑运动员——今年的利润很高，明年就垮掉。

1995 年 11 月 30 日，联想惠州板卡基地举行开业典礼。在这个众人欢庆的日子，柳传志结合联想的志向与当时的形势发表了一篇语气颇为沉重的演讲。"对于我们来说，现在正面临着大兵压境。这种感觉之所以如此沉重，是因为我们还来不及壮大自己就必须承受重压。我们现在是科技不如人家，奖金不如人家，基础不如人家，人才、奖金、实力统统不如人家，这个仗怎么打？民族工业到底怎样生存？现在我们还没有体会到收获的喜悦，但我们坚信今后会有收获！因为我们心中毕竟有一口气——中华民族要求进取的志气！”

“扛起民族工业这面大旗，将联想办成百年老字号，逐步融入国际竞争”，这就是联想的战略目标，也是柳传志的志向所在。

提到柳传志的志向，就不能不说起联想创业阶段的第一次“年终分红”。1985 年底，联想集团的前身——中科院计算所公司的 20 多名员工以“卖苦力”的方式赚到了 70 万元人民币和 7 万美元。按规定，这笔钱中的一部分可以作为“红利”分配给每个员工。从当时中国人的收入状况来看，这笔红利对每个人都是一笔很可观的收入，是相当有诱惑力的。在年终会议上，联想的创业者专门就这笔钱的分配情况进行了一次讨论。

有人主张分掉，有人主张存起来……柳传志始终没有表态，等到大家都发表完意见，柳传志站了起来：“首先，大家都清楚，这笔钱是大家流血流汗挣来的，对于它的处理一定要慎重。其次，我们办公司的目的是什么？是为了改善一下生活条件吗？还有，我们想不想得到长远发展？我们的‘汉卡’靠什么去开发、推广？”短短的几句话，拨云见日，统一了大家的意见。正是在这次会议上，柳传志第一次明确提出了更远大的志向。我们应该把目标定得高一点，即使最终可能达不到这个目标，也会激励自己做得更好。

执行力金句：

提高执行力要重视绩效管理系统。绩效管理是通过充分地沟通，在员工工作的过程中给予支持、指导和帮助，与员工共同完成绩效目标，从而实现企业的愿景规划和战略目标。

◆ 关注对手才有行动方向

俗话说：骄兵必败。商场之上，任何时候都不要轻视自己的竞争对手。否则，一着不慎，满盘皆输。因此，始终要把对手想得强大一点，并针对他们的强大制订和调整竞争策略。

竞争对手是企业的重要参照物，他的存在证明了企业的价值。在竞争对手身上你能看到自己的影子。重视竞争对手就是重视自己，尊重竞争对手也是尊重自己。这样才能制订出有效的措施，在竞争中获得主动权。

还是在 2014 年 3 月的北大百年讲堂技术论坛上，马云就曾经说过：“两年前，我们的收入不如腾讯，于是我们拼命追赶，现在好不容易赶上来了，他们出了个微信。在来往竞争方面，我并没有觉得来往会超过其他同类商品，就像淘宝和 eBay 竞争的时候，我们认为 eBay 的思想未必会赢，他们是希望用短暂的钱来赢得市场，我们判断是需要 10 年，到今天为止我们并没有全赢，我们只是开了个头。”

马云之所以能率领淘宝网击败 eBay，一个很重要的原因就在于他对竞争对手的重视，他一方面知道 eBay 很强大，另一方面也清醒地认识到淘宝的优势所在。他有一个很形象的比喻，“eBay 是大海里的鲨鱼，淘宝则是长江里的鳄鱼，鳄鱼在大海里与鲨鱼搏斗，结果可想而知。因此，我们要把鲨鱼引到长江里来，在长江里打我们不一定会输。”

马云内心高度重视 eBay，并开始了解 eBay，关注 eBay 的一举一动，“eBay 公司所有的高层资料我们都会进行详细的分析，他们在世界各地的各种打法，他们擅长的各种管理手段和应对特点，我们都会仔细研究”。马云说：“我们与竞争对手最大的区别就是我们知道他们要做什么，而他们不知道我们想做什么。”

eBay 是上市公司而阿里巴巴不是，惠特曼对淘宝的了解不及马云对 eBay 的了解。正是基于对 eBay 的高度重视和知己知彼的战术，马云才能在淘宝与 eBay 的竞争中游刃有余地指挥操控，并信心满满地将其击败。eBay 则由于不重视阿里巴巴，把对手看得太过弱小，以至于被阿里巴巴抢占了中国大部分的市场。

马云在“赢在中国”上有过这样的点评：三场比赛我们都发现一个问题，没有资源的那些团队都赢了，而看起来可能会赢的团队全都输了。骄兵必败，商场上也一样，如果你不够重视，那结果很可能会以失败而告终。我们做企业的，每天都是如履薄冰，每一天，对每一个项目、对每一个过程都要非常仔细认真。

要把对手想得更强大，面对新的竞争对手，很多人常犯的几个错误是看不见、看不起、看不懂、跟不上。首先对手在哪儿都找不到，其次我根本看不起这些人，再次我看不懂他们怎么发展起来的，最后是根本跟不上别人。

我觉得你们这个团队刚好犯了这些错误，你们觉得对手不如你们，你们觉得你们对市场很了解，对客户很了解。但事实上，你们却输在轻敌上面，今后大家一定要注意。

所以 5 号队友我也想讲，我在讲话过程中，我关注到，你比较以自我为中心，你作为领导者应该以别人为中心，以客户为中心，不能说我做的都是对的，别人都是错的。1 号当时讲得非常好，你有没有想过为什么团队很多人都没有把你当作一回事儿？

纵观中国企业，关注和看重对手，并让自己快速成长的例子比比皆是。

华为公司总裁任正非曾对员工说：“华为选择了通信行业，就是选择了一条不归路。1998 年华为公司的产值将近 100 亿元，但与朗讯公司和

IBM公司仍存在很大的差距。在电子信息产业中，要么成为领先者，要么被淘汰，没有第三条路可走。我们的竞争对手太强大了，我们要在夹缝中求生存，就要掌握核心竞争力，慢慢壮大自己。”

华为公司成立于1987年，1998年是其发展的关键时期。当时的朗讯公司和IBM是其强大的竞争对手。面对这两位竞争对手，华为从未退缩，而是勇往直前，不断充电，才赢得了胜利的机会。

到2004年，华为公司已拥有自主知识产权的全套GSM产品、WCDMA产品和CDMA2000产品，成功为国内外80多个运营商提供了移动通信解决方案和产品，服务于全球2000多万用户，成为业界主要移动通信设备供应商。此外，华为还申请了800多项3G领域的专利。承建了中国香港地区的WCDMA3G网络。

现如今，华为已经发展成销售额过千亿的大公司，正在向创新型公司稳步迈进。这一切与华为的竞争意识有很大关系，华为始终不轻视任何对手，关注对手，看重对手，并让自己变得更强大。

执行力金句：

执行力是一种价值观，一种文化。它是左右企业成败的重要力量，是区分企业平庸和卓越的重要标记。事实证明，我们可以模仿竞争对手的战略和战术，但却永远模仿不到竞争对手的执行力。

第十四章　诚信，换来执行力

阿里巴巴认为，对企业来说，诚信是立身处世之准则，是价格魅力的体现，是衡量企业优劣的道德标准之一。孔子有云“言必行，行必果”，一个企业如果失信就无法立足，只有注重诚信的企业才会为了自己的许诺，而积极的忙碌。

◆ 没有诚信就没有阿里

2001 年年末，B2C 网站 My8848 轰然倒塌，直接将网络信用推向崩溃的边缘，这是网络环境变得浮躁的一个缩影。当时许多网络公司纷纷从免费网络服务向收费服务转型，单方面撕毁了之前承诺的免费协议，网络信用岌岌可危。

另外，由于各电子商务公司降低门槛和扩大规模，难免鱼龙混杂，平台上各公司的品质和规模良莠不齐，有些企业甚至浑水摸鱼，以次充好，影响整个虚拟市场。因此，诚信问题被推到台前，成为马云和阿里巴巴不得不马上解决的难题。

就在这样的环境下，阿里巴巴开始重塑网络信用。马云认为，在 B2B 领域，最终决定胜负的不是资金或技术，而是诚信。国内在线支付系统的不发达、邮政网络的滞后、诚信环境的缺位，使得安全支付成为电子商务发展的一大瓶颈。如果诚信体系不建设好，电子商务信息流就会变得毫不值钱。

马云十分善于发现问题并寻求解决问题的方法。2002 年 3 月，他力排众议，和信用管理公司合作，启动了“诚信通”计划。这样，一双紧握在一起的蓝色小手的标志，出现在阿里巴巴中文网站部分会员的商铺页面上，它有一个响亮的名字——诚信通。

该计划主要通过第三方认证、证书及荣誉、阿里巴巴活动记录、资信参考人、会员评价五个方面，审核申请“诚信通”服务的商家的诚信。“诚信通”虽然只是一个软件，但它承载着诚信的记录和评价。该计划实施后，诚信通的会员成交率从 47% 提高到了 72%。

为确保诚信通体系的可靠，阿里巴巴对申请成为诚信通会员的客户有严格的审核程序。企业的任何资料，包括它的资质、别人对它的评价和其他会员对它的负面评价，都会在网上公开，而且不会删除，客户想要了解诚信通会员是很简单的事。如此一来，所有的客户不管愿意还是不愿意，都必须为自己的诚信埋单。

马云2007年6月在Ccbu动员大会上说：整个网站这几年走下来，我非常感谢大家。没有诚信通，就没有今天的阿里巴巴中文站点。感谢所有为诚信通这个产品和这个网站服务做出贡献的人。可以这么讲，没有阿里巴巴B2B、中国供应商、诚信通，就没有淘宝、支付宝，没有阿里软件，更不可能收购雅虎中国。

但是，如果我们不走出自己的圈子，一味以销售为驱动，而不是以使命感为驱动，不帮助别人成长，不帮助别人创造价值，我们越往前走就会越担心。所以，我希望在座的每一个人明确，谁是我们的客户，我们帮他们什么。

如同做人，声誉和诚信对企业的发展同样重要。马云十分重视电子商务平台内的企业是否诚信经营，通过推出“中国供应商”，推行“诚信通”计划，打造了中国企业的诚信，同时也树立了阿里巴巴的诚信。

“诚”是所有道德的根本，不诚无以为善，不诚无以为君子；做事缺乏诚信，便很难成功；待人若无诚信，则难以获得他人的真心。特别是在现代社会中，诚信具有更重要的意义。

人们之间的社会行为从功能上说，以合作活动和交换活动为主。如工厂、农村、机关、公司中，人们的工作都以合作的方式进行，甚至在一个家庭中也少不了合作。交换与传递在合作中必不可少，最典型的是在商业领域，如买卖、委托、招聘、雇佣等，几乎每一种合作或交换都涉及守信、守约。

个人与个人之间、群体与群体之间则体现了守信守约的多层次性。现代社会，除以法律的硬性规定来保障交换行为的可信外，一个人只有靠长时期的立诚守信行为才能建立起信誉，信誉本身是有价值的，它是一个人的通行证、信用卡，处世讲求诚与信，这是我们这个古老民族在现代社会的座右铭。

但是，现在许多人似乎对充斥在周围的坑蒙拐骗习以为常，有的人甚至认为“无商不奸”，于是，在生意场上屡屡出现赖账害人、欺生宰熟、制假贩假的卑劣行径。这种人自以为聪明，实际上是愚蠢至极，是搬起石头砸自己的脚，既害人又害己。

执行力金句：

企业的战略、目标、任务，最终要在员工的执行中完成，企业的执行力集中体现在员工执行并完成任务的能力。因此，强化员工的执行力就是提升企业的执行力。

◆ 阿里执行力“天条”是诚信

古语说：“人无信而不立”诚实守信，是中华民族优良传统。千百年来，人们讲求诚信，推崇诚信。诚信已经融入了我们民族的血液，升华为我们这个民族的一种品质。如果这种品质能转化成我们对人、对已、对团队的诚信执行力，我们就会勇挑重担。

2013 年 5 月，马云辞去了阿里巴巴 CEO 职务，他有过这样的演讲：

是什么东西让我们有了今天，是什么让马云有了今天，我认为是诚信。二十年以前也好，十年以前也好，我都不一定相信自己。现在，你居然会从一个你从没听见过的，名字叫“闻香识女人”的人这里，买一个你从来没有见过的东西，经过成千上万公里，通过一个你不认识的人送到你的手上。

今天的中国拥有信任，每天2400万笔淘宝的交易，意味着在中国有2400万个信任在流转着。所有的阿里人，淘宝、小微金服的人，我特别为大家骄傲，今生跟大家做同事，下辈子我们还是同事。

因为你们，让这个时代看到了希望，在座你们就像中国所有80后、90后那样，你们在建立着新的信任，这种信任就让世界更开放、更透明、更懂得分享、更承担责任，我为你们感到骄傲。

马云是一个重视信任、坚守承诺的人，他曾经为了一个承诺在大学教书六年。在那六年中，很多人跳槽了，有下海经商的，也有出国的，而马云从未动摇过。

虽然他一开始并不喜欢教师这个职业，也想过是否有什么办法以后可以不用当教师。可是，在这六年的教师生涯中，马云对待工作没有半点马虎，不仅被评为全校“十佳教师”，还被提前升为讲师。

诚信是阿里巴巴的“天条”，这其中也包括尊重他人的知识产权。对于在阿里巴巴出售盗版光碟、假冒名牌等产品的会员，马云表示：公司会以严厉的手段制裁他们。马云相信，只有诚信的人才能成功。

在阿里巴巴集团走过的十多年里，因为诚信，马云先后成功打造了中国最大的B2B平台阿里巴巴、C2C平台淘宝和B2C平台，让网上购物成为人们生活的一部分。“信用”已渐渐成为一种财富，所有成功都是建立在诚信的基础之上。

2013年5月10日，马云卸任阿里巴巴CEO做演讲时，他深深地感慨阿里巴巴的成功在于信任，信任是阿里巴巴繁荣的基石，甚至可以说是中国电子商务蓬勃发展的最重要原因之一。

马云曾说，假如阿里巴巴有一天由于经营失败或天灾人祸倒下，只要他有客户、股东和员工的信任，他随时可以筹得资金，从头再来。上千万的中小创业者和企业家们也会继续使用他的网站，这就是信任的力量。对于马云和阿里巴巴而言，信任自己一手打造的团队并不难，难的是怎么赢得客户和合作者的信任。这也是马云最为重视和担忧的。

2013 年 4 月，马云参加了一次“以网络打假”为主题的关于知识产权的发布会，这也是马云卸任前参加的最后一场发布会，会上，马云强调离职前不做好这件事后果是难以想象的，他要求对“网络打假”资金投入要上不封顶、不遗余力。这再一次表明了马云及阿里巴巴集团始终将赢得用户的信任放在最重要的位置上。

信任的力量不仅适用于阿里巴巴和中国的整个电子商务行业，也适用于任何一个领域和任何一家企业。在未来的商业社会里。将没有大企业和小企业的区别，没有外资和内资的区别，没有国企和民企的区别，只有诚信和不诚信的区别，只有开放和不开放的区别，只有承担责任和不承担责任的区别。

戴尔公司的一个售后服务工程师受公司的派遣，要以最快的速度赶到某顾客住处，为顾客提供上门服务。这名工程师接到通知后即以最快的速度驱车赶往目的地。

由于戴尔公司历来有当日上门服务的品牌服务承诺，这位工程师必须在日落前赶到顾客所在地，他便提高了车速。

这时，一个路人突然横穿马路，工程师为躲避路人，而将车开上了路基。工程师下车察看，发现车已经被撞坏了，工程师想去修车，但是发现时间来不及了，那样肯定会耽误为顾客服务的时间，进而影响戴尔公司的卓越信誉。

工程师略加思考后，随即将车暂时移到安全地带，然后打电话报了警，并将自己的姓名以及电话号码告诉警察，声称自己会在最快时间里赶回来处理。然后，工程师加速向顾客处跑去，直到完成任务才赶回来处理车辆，并接受了相关的处罚。这名工程师事后被戴尔公司授予“最佳员工”的称号，并接受了现金奖励。

该事件被广泛传播后，戴尔公司的商业信誉在公众中立即被提高到了一个新的高度，其销量也立即呈现上升势头。人们都在为戴尔公司拥有如此优秀的员工而称赞，为戴尔公司员工维护戴尔公司的品牌信誉，为顾客兑现品牌诚信的精神所折服。

戴尔通过诚信树立了自己的品牌，实现了关系营销的效果，进而通过关系营销达到了销售产品的最终目标。诚信是提升公司核心竞争力的前提，企业兑现了对顾客的承诺，无形中便会形成品牌效应，达到少投资多收益的效果。可见，赢得顾客的心就赢得了市场。

执行力金句：

领导对群众讲诚信，就能得人心；企业对客户讲诚信，就能占市场；单位对职工讲诚信，就能增合力；诚信之于执行力是万丈高楼之柱基，是璀璨珠宝背后之钻石本色。

◆ 不要关系要信用

守信，就是遵守诺言，不虚伪诈骗。“言必信，行必果”“一言既出，驷马难追”这些流传千百年的古语，都体现了中华民族守信的品质。

古时候，也有许多诚实守信的例子：

曾子就是其中之一。一次，曾子妻子要去赶集，孩子哭着闹着也要去，妻子便哄孩子说："你不要去了，我回来杀猪给你吃。"她赶集回来后，看见曾子真要杀猪，妻子连忙上前阻止。曾子说，你欺骗了孩子，孩子就不会信任你。说着，便把猪杀了。曾子不欺骗孩子的行为，影响了无数代中国人。

2012年9月8日晚，第九届中国网商大会颁奖典礼在杭州隆重举办，活动正式揭晓了"2012全球十佳网商"。大会还发布了6个单项奖以及"2012十佳电商服务商"，以记录网商榜样的成长足迹。

在这个会上，马云有一个演讲：阿里巴巴希望让信用等于财富。几年前，也是在网商大会上，我们呼吁银行全力支持中小企业，但是银行有自己的难处，它们的模式很难让它们真正地服务好网商、服务好中小企业。

所以，阿里准备在这方面全面挺进，不是因为我们想挣更多的钱，而是我们觉得在这个时代，我们需要用互联网的思想和互联网的技术，支撑整个社会未来金融体系的建立。

在这个金融体系里面，我们不需要抵押，我们需要信用，我们不需要关系，我们需要信用，我们不需要你挣多少钱，我们需要你踏踏实实地为客户服务。两年的实践告诉我们，我们几百名员工为15万家企业提供贷款，平均每家企业贷到的款是4.7万元人民币，这只是刚刚开始，我们将用最好的技术、评价信用，让在座以及无数网商群体们得到更好的金融服务。

因为你们是中国的希望和未来，对未来和希望，我们做出的只有努力和帮助，当然帮助大家也是帮助我们，我们不希望亏本，我们也不会亏本，不赚钱是不道德的。

事实也是如此。对阿里巴巴来说，诚信是可以变成钱的。一家企业最重要的品质、最大的财富，就是诚信。2004年，阿里巴巴顺利融资

8000 多万美元以后，马云就已经觉察到：阿里巴巴的当务之急是建立和健全诚信体系。他有一个口号，“只有诚信的商人能够富起来”。

2012 年 9 月的第十届网商大会上，马云在演讲中说：“我相信，这是一个最好的时代，在这个时代里面，我看见了网商的力量，看见 80 后、90 后的力量，人与人之间没见过面，但仅我们这个市场，就可以卖出一万亿，每天凭信用成交 1500 万笔，这是这个时代拥有的信任的力量。我看到另外信任的力量，70% 的网商愿意无偿退回所有不好的产品，这也是信任的力量。”

马云说过这样一段话：“很多人问，信用可不可以变成钱，确实信用它不是钱，但它比钱更为珍贵。信用在商业里面，就像爱情在婚姻里面是一样的，没有爱情的婚姻是不长久的，而且爱情是不能用钱去买的。”

在马云看来，网商是新经济时代的第一批主体。在这个土壤上面，诚信、开放、透明、分享成了大家信奉的价值体系，假如不能在心里把“信用越好 = 财富越好”这个等式树立起来，商业社会永远会欺诈盛行。

让信用等于财富，就意味着在淘宝上面，每一个好评或每一个差评，对卖家来说是多么重要，这样淘宝的信用体系才能逐渐建立起来。

来看故事：

桂小欢是安徽桐城一家布轮作坊的老板，他所生产的布轮是给鞋底打光用的一种专业用品，每个售价在 30 ~ 80 元，一般一年一结账。这次货物送完后。桂小欢的 20 多家温州客户给他打了 13.1 万元的欠条。这是桂小欢全家辛苦一年多卖出的产品总额。

2002 年 10 月底的一天，卖完货的桂小欢从温州乘夜班长途车回安徽老家，为的是抓紧再生产一些布轮发往温州。作为一个小生意人，卖出 13 余万元的货是一件很不容易的事，谁知，桂小欢的包在回家的车上丢了，里面装着客户们打下的 36 张欠条，那意味着桂小欢辛苦一年的 13 万元钱没有了。桂小欢疯了似的找，但还是没有找到。得知这一消息的老伴一下子瘫倒在了床上，半天都没缓过来。

没有了欠条空口无凭，那些温州老板会相信自己一个外地小商人的解释吗？桂小欢感到有些绝望，但不去要账，也就意味着自己血本无归了。这时的桂小欢想：反正“死马当活马医”吧，再回温州一趟，碰碰运气，要回多少算多少。于是桂小欢硬着头皮去了温州，一家一家上门重新补开欠条。

桂小欢先去的是较为正规的泰马鞋厂，经理陈海永知道情况后说：“欠条丢了？多少货没结账？谁收了货就叫谁补个条吧。”桂小欢没想到“要债”居然这么轻松，心里一阵狂喜，马上就去财务室补了条。

桂小欢趁热打铁，紧接着又一口气跑了四家大型鞋厂。这些厂子因为都有存底或电脑记录，不费一点周折，或给他补了欠条或付现款。一上午，桂小欢就收回了三万多元的损失，脸上笑开了花，可随即又愁成了苦瓜：因为有相当一部分欠条是一些小厂开的，那些小厂的欠条是随手开的，不像大厂那样有存底，更谈不上什么电脑记录，他们会不会不认账呢？

桂小欢下午开始拜访那些规模较小的工厂，第一家是个女老板的鞋厂，女老板知道他的来意后说：“条丢了就丢了呗。只要货送来了，我们承认就是，但我记不清具体金额是多少啊！”

桂小欢心里一阵凉，但又怕一旦闹僵了，只好小心翼翼地说：“老板娘，你说是多少就是多少吧。”女老板说：“哎，你话不能这么说，我们都靠做生意赚钱，都要讲个诚信。别以为你的欠条丢了我就赖你的账，不可能的。”后来女老板在桂小欢的提示下想起了金额，痛痛快快地将钱付给了他。

一个诚信的人，一定会得到丰厚的回报，因为他得到了义，即得到了人心，得人心者得天下。

执行力金句：

信用是什么？信用就是金钱。正如李嘉诚所说："一个企业的开始意味着一个良好信誉的开始。"有了信誉，自然就会有财路，这是企业管理者必须具备的商业道德。

◆ 诚信可以变成钱

一个企业要具备强有力的执行力，要获得良好的经济效益，诚信是根本。谈到这个问题，2012年3月马云说：淘宝商城修改规则，导致很多人有意见，他们不是毫无道理，我仔细听了很多，觉得我们也要反思。我们准备怎么改变呢？阿里巴巴集团和淘宝商城，不会违背原则，绝不会因为压力而退半步。什么是我们的原则？维护电子商务的诚信，打击假货，保护知识产权，对此我们绝不会退后半步。但是我们对自己工作中的不足，也要进行全面的反思、总结。有人说这是妥协，不，关于原则我们决不妥协，我们也不可能妥协。因为如果淘宝不经受诚信这个挑战，不经受品质的挑战，那么未来就会出现严重的问题。

当年淘宝刚刚成立时，金庸到淘宝来，写了一句话，现在还贴在淘宝的办公室里面，"宁可淘不到宝，也不能丢诚信"。

我是一个理想主义色彩很重的人，我不适合做商务，我还是站在老师的角度在做的。到今天我还是坚信人性是向善的，我还是坚信，诚信是有价值的，是可以变成钱的。

我们知道，一个企业，发展到一定阶段，就会遇到一个门槛，那就是社会诚信体系。电子商务也不例外。电商是在虚拟的网络平台中进行的，如果没有诚信，最后就做不成生意。在马云的眼里，互联网商务世界与现实的商务世界是一样的，唯一不同的只有工具，无论在线上还是线下，商务交易都必须可信。

诚信是中国优秀的传统品德，是中国商人最崇尚的道德信条，也是他们发展的基础。但这种大智慧不是靠说出来的，而是需要靠实实在在的行动来支撑，它体现在点点滴滴的细节里。

马云认为做企业就是要坚守诚信，并实实在在地做好它。他曾说："诚信绝对不是一种销售，更不是一种高深空洞的理念，它是实实在在的言出必行、点点滴滴的细节。"企业诚信的建立是一个漫长的过程，诚信建立起来后需要进行维护，并建立相应的企业制度予以保障和控制。

有些人习惯性地把诚信挂在嘴边，在销售时总是轻易向买家保证，而一旦商品或服务出了问题，又矢口否认，找各种理由搪塞。马云认为诚信绝不是进行销售的一种手段，而是要说得出、做得到。

在阿里巴巴的"六脉神剑"中，诚信包括诚实正直、言出必行，具体内容为："诚实正直、言行一致，不受利益和压力的影响；通过正确的渠道和流程，准确表达自己的观点；表达批评意见的同时能提出相应建议，直言有讳；不传播未经证实的消息，不背后不负责任地议论事和人，并能正面引导；勇于承认错误，敢于承担责任；客观反映问题，对损害公司利益的不诚信行为严厉制止；能持续地执行以上标准。"

很多企业在成长过程中受过骗，也有一些企业管理者因此而受到"启发"，想办法骗别人。马云也曾被骗，可是这几次受骗的经历反而坚定了他诚信的信念。因为他相信，骗别人的人一定也会受骗。

任何一个行业或企业都要讲信用，不讲信用，就不能开展商业活动。不讲信用的企业无法在全球商务领域中立足并参与竞争，从而错过无数商机。“商业社会是很复杂的社会，因为诚信说起来简单，做起来难，只有一点点往前做，越简单的事情就越需要讲诚信，这样才能在这个复杂的社会中有立足之地”。

有一句古老的谚语：“诚信是最好的策略。”诚实和正直对于成功来说都是必不可少的。

“棕色浆果烤炉”公司是美国一家知名的面包公司，公司的经营原则很简单，只有四个字：“诚实无欺”。公司标榜凡出售的面包都是最新鲜的，绝不卖超过三天的面包，已过期的面包由公司回收。

有一年秋天，公司所在州的部分地区发大水，导致那里的面包畅销，但公司照样按规定把超过三天的面包收回来。哪知车行至半路，抢购的人一拥而上，把车子团团围住，一定要买过期面包。但押车的运货员怎么也不肯卖，他哭丧着脸解释：“不是我不卖，实在是老板规定得太严了。如果有人明知面包过期还卖给顾客，一律开除。”大家以为运货员要花招，就跟他激烈地争吵起来。最后，一位在场的记者向运货员恳求：“现在是非常时期，总不能让人们看着满车的面包忍饥挨饿吧！”运货员听之有理，凑到记者耳边悄悄地说：“我是说什么也不卖的，但如果你们强买，我就没有责任了。你们把面包拿走，随便丢下几个钱，反正公司是不会可惜一车过期面包的。”这么一说，一车面包很快被强行买光了。

这个故事后来经新闻记者在报上大肆渲染，“烤炉”面包给消费者留下了深刻的印象，顿时，公司声名鹊起。“烤炉”公司以其诚信为自己赢得了市场。一个真正的商人应该以自己工作的严谨性为荣耀，一个精神高尚的商人应该以诚实履行合同而自豪。一位英国绅士说：“凭借欺诈、奇迹和暴力，我们可以获得一时的成功，但是，只有凭借诚信，我们才能获得永久的成功。”

不管是一个企业，还是一个人，如果言而无信，人们都不会与之打交道。从某种程度上说，市场经济就是诚信经济，离开了诚信，市场经济将无法运行。

执行力金句：

在竞争日益激烈的今天，诚信已成为每个人立足社会不可或缺的“无形资本”，恪守信用乃是每个人，每个企业应当具备的生存理念之一。

第十五章　思考，完善执行力

阿里巴巴的成功告诉我们，机会总是为有准备的人提供的，快速的应变能力并不表现为一时的灵感，更多的是捕捉到等待已久的在瞬间出现的时机，对于客观环境和市场形势可能出现的变化。我们必须勤于思考，提前做出预测，并备有应付各种变化的预案。这是体现执行力强与不强的有效尺度。

◆ 更新知识，充实大脑

马云说，拿到了学位还要学会忘记它。学位拿到了，只是生活考试的开始。大多数人对青少年的最佳成才之路，形成了一个相当一致的“共识”，即按部就班地从小学直至博士后，这几乎是唯一的选择。

现在，这条路虽说仍然为绝大多数青少年所钦慕，但已有越来越多的人认识到这并非成才的唯一道路。

学校的各种考试已经过去，毕业后面临的社会答卷，那不是填空、选择、简答等题型，而是真真正正地要做出业绩。“学无止境”，知识永远是学不完的，正如马云所说，“忘掉你所学到的知识，不断更新知识，并且永远在最忙的时候去学习。”

古时候，一个佛学造诣很深的人，去拜访一位德高望重的老禅师。老禅师的徒弟接待他时，他态度傲慢。后来老禅师恭敬地接待了他，并为他沏茶。可在倒水时，明明杯子已经满了，老禅师还不停地倒。他不解地问：“大师，为什么杯子已经满了，还要往里倒？”大师说：“是啊，既然已满了，干吗还倒呢？”访客恍然大悟。这就是“归零心态”的起源，做事的前提是要有好心态，如果想要获取更多的知识、技能，获得更大的成就，必须定期给自己的内心清零。归零心态就是空杯、谦虚的心态，就是重新开始。它要求我们不能沉迷过去的业绩，要调整自己去适应新的变化。归零心态的本质就是挑战自我，永不满足。只有不断地更新知识，才能实现价值的增长。

2009 年 6 月马云在参加北大国际 MBA 学员毕业典礼上发表演讲，他说：

大学毕业了，拿到文凭，生活才刚刚开始。以前的考试全是模拟，真正的考试是在你们离开大学后才开始。在生活中、工作中，你碰到的是实战的考试。我告诉大家，你们今天披上的衣服，拿到的文凭，这可能都是假的，明天离开这个学校的时候，你才进入考场，真正进入人生的考场、社会的考场。

第二个给大家的建议是，从明天开始忘掉你所学到的知识。以前也有人到我们公司来应聘，我经常问他："你最强的是什么？"他们经常说，我最强的是这个，是那个。忘掉它？这怎么可能忘掉呢？假如你忘掉了，能够忘掉的东西一定不是你的，你忘不掉的才是你自己的东西。我是学英文专业的，那是我怎么忘也忘不掉的东西，那是我自己的。我记不住那些sin、cos，那不是我的，忘掉就忘掉了。如果你没忘掉这些东西，这些永远是知识。

在社会上，不要跟人家比谁更聪明，不要跟人家比谁更能算，是要比谁更能学习，更能欣赏别人。我自己尽管长得不好，但全世界长成我这样的人也不少。我觉得如果你毕业于名牌大学，请你用欣赏的眼光看看身边的人，假如你毕业于一个非名牌大学，请用欣赏的眼光看看你自己，你只有给自己温暖，学会用自己的左手温暖自己的右手，才能在社会的考场上活下去。所以说，以后你们学习的机会很多。

我再给大家一个建议——永远在最忙的时候去学习。最近，经济环境不好，很多公司把自己的高管送出去读书，我问他们为什么去读书，他们说因为我们现在生意不好，闲着也是闲着，去读读书吧，还有的觉得这是一个福利。读书的时间是一定挤得出来的，最忙的人知道自己想学什么，你应在自己最忙的时候告诉自己要学习。

的确，学习是不应该满足的，人的一生，要学的东西有很多，应该有的放矢，缺什么，补什么，这样才能事半功倍。学习有利于人生的进步，还有利于生活的充实。因为学不够，就会谦虚谨慎，越学越会觉得自己无知、渺小，则自己的感悟和收获就越大。

全球华人首富李嘉诚，早年颠沛流离的生活，导致他过早地离开了学校，失去了接受正规教育的机会。他只好通过购买、交换旧书等方式自学，养成“抢知识”的习惯和“不择细流”的阅读方法。

李嘉诚之所以有如此渊博的知识，是因为他对知识有着强烈的好奇心。他的好奇并不是率性的，而是预先设定自己看问题的角度，然后像搜索引擎般尽可能全面地了解相关信息。

熟悉李嘉诚的人都知道，除了小说之外，李嘉诚遍读科技、历史、宗教等各类书籍，还有各公司的年报。他身边的人也会时常惊讶于他思维的灵活、观点的新鲜。比如，在谈及经济形势时，他会随口说出一些别人不太留意的细节，而有时在谈及某行业的专业问题，他能像一个专家般侃侃而谈。

不断更新知识使李嘉诚成为一个东西文化的结合体。一方面，他像西方经过职业训练的经理人一样重视数据、依靠组织和制衡的管理法则，发自内心地乐于迎接竞争带来的压力和成就感；另一方面，他有着东方的谨慎谦虚，始终坚持东方企业家关心、重视员工长远前途的传统。

成为亚洲首富之后的李嘉诚仍然在投资自己的大脑。学习是管理者最有价值的投资，著名哲学家黑格尔这样说过：“我们站在一个重要时代的门口，一个变化的时代。”处于这样一个时代的管理者，一定要注重学习力，只有思想通、想法融，行动才能一致，这是企业发展和生存的重要根基。

诚如马云所说：“这个世界上，没有一个人能真正影响你，重要的是，你能从每个人身上找到各种机会，不断学习，从而反过来影响别人。”

生命不止，求知不断，只有投资于学习，将大脑充实起来，才能在工作中得心应手，从而为企业创造更多的经济效益。

执行力金句：

在知识经济时代，工作中所需的技能和知识更新速度不断加快，只有不断地学习，才能提高对社会的应变能力，从而提高执行力。

◆ 犯错，是必须付出的代价

互联网产业是一个新兴产业，没有经验可以借鉴。纵观整个互联网成长史，任何一家企业都不可避免地会犯错误，阿里巴巴也如此。

但马云对犯错毫不忌讳，他说："阿里巴巴最大的财富不是我们取得了什么成绩，而是我们经历了这么多失败，犯了这么多错误，我说阿里巴巴一定要写一本书，这里是阿里巴巴曾经的错误。这些错误，你听了会笑着说，那时候也犯过。但是有一天如果有重要项目就不要派常胜将军上去，要派失败过的人上去。失败过的人，会把握每一次机会。你不要看今天很风光，我前面犯了很多错误，今后也会犯很多错误的。"

2006 年 5 月 10 日，淘宝网推出名为"招财进宝"的新型收费增值服务。通过这个项目，卖家可以花钱买一个"推荐位"，让自己的商品出现在淘宝网浏览量最大的位置上，以利于商品销售。在淘宝网高调宣布继续免费三年之后，这项有偿增值服务被众多网民认为是"变相收费"，并有一些卖家酝酿于 2006 年 6 月 1 日集体罢市以表抗议，有些网民甚至威胁说如果淘宝网不取消"招财进宝"，将跳到其他个人电子网站。

马云发起"招财进宝"这项服务的初衷是好的。他说："淘宝目前有

2800万件商品，日交易量达4700万元，如果没有搜索，买家很难寻找商品。”搜索必然会牵涉排名，“价格是相对客观的排名标准。”马云称，“如果排名不收费，那么为了争第一排位，卖家会疯狂售假货赢交易量，搜索将会乱套。”

无论马云和淘宝网发起这项服务的初衷是好是坏，从最终的效果看，这都是一次错误的决策。

2006年5月29日，针对愈演愈烈的“罢市”危机，马云以“风清扬”的ID发表了题为《谈谈拥抱变化》的帖子，对“招财进宝”的初衷进行了诚恳的剖白，并希望网民能够谅解和支持。“罢市”危机因为这篇文章的发表得到了一定程度的缓和。6月1日，马云决定在淘宝网上公开投票决定“招财进宝”的去留，短短半天时间，就有9万余人参与投票。从当天的结果看，选择“对招财进宝进行不断的完善，保留招财进宝”的占38%，选择“目前不完全适合淘宝，取消招财进宝”的占62%。最终，淘宝网决定取消“招财进宝”，并将其间所收取的费用全部退还。

“招财进宝”虽然是马云和淘宝网的一次“错误”决策，给淘宝网乃至阿里巴巴和马云本人的名誉都带来了一定的破坏，也造成了一定的资金损失，但马云面对错误的态度是诚恳的，处理方法是有效并且及时的，这在很大程度上降低了这次错误的破坏力，没有让这件事带来更大的负面影响。

马云说过：“我想给我们这些刚刚开始创业的人一个建议。公司还很小的时候千万别去讲理念，别人不一定会认同你，最好的方法是用切实的做法将理念体现出来。让别人说你的理念好。千万别说自己的理念有多好，那就会没完没了地吵架，吵得过你的人认同，吵不过的人就会有看法。”

一个人不犯错，就看不到自己。当然犯了错，不思考，还会犯错。成长较快的人，每天都在思考、行动。所谓不断地错，不断地成长。正如马云在阿里巴巴集团“湖畔论道”中所讲的：“阿里巴巴要想走向创新，很重要的一点就是不要怕犯错误。怕犯错误，我们就不会有明天了。也不要觉得一定是怎么样，大胆尝试，B2B、C2C 在未来的变数很多。”

德国著名思想家歌德的长篇诗剧《浮士德》，背景是魔鬼梅菲斯特与天主打了一个赌：浮士德和梅菲斯特签约，把灵魂抵押给梅菲斯特，而梅菲斯特则要满足浮士德的一切要求。如果有一天浮士德认为自己得到了满足，那么他的灵魂就将归梅菲斯特所有。

以下是在《浮士德》中的《天堂序曲》里发生的对话：

梅菲斯特：“您赌点什么？您肯定会输掉，如果您允许我把他慢慢引上我的大道！”

天主：“只要他活在人世间，你要试一试我不阻拦。人只要努力，犯错误总归难免。”

在这里，天主的意思并不是说：“人努力了就要犯错误，所以你们人类就不要努力了。”

而是说“人只要努力，犯错误总归难免。所以，不要因为怕犯错误、犯了错误和犯过错误而停止我们的努力。”

回到现实生活中。在当下竞争激烈的市场上，几乎所有的网络公司都必须经受错误的教训而逐渐成长、壮大。

如早已声名显赫的谷歌，在成功之外，照样遇到了一些明显的失败。Youtube、Invite Media 和 Admelld 等公司的创始人离开了谷歌。谷歌也曾希望通过并购把埃文·威廉姆斯（Evan Williams）和比兹·斯通（Biz Stone）招募进来，但两人离开谷歌创立了 Twitter。Foursquare 的前辈 Dodgeball 创始人丹尼斯·克罗利（Dennis Crowley）和阿历克斯·雷纳特（Alex Rainert）均于 2007 年离职，原因是无法得到产品发展所需的资源以及整合不佳。

这是一个代价高昂的错误，谷歌地理信息服务领域如今已经落后。

2011 年 4 月拉里·佩奇重掌谷歌后，第一步就是对谷歌进行重组，使其专注于产品分类。他为谷歌创造了新的七大部分：移动、社交、Chrome、Youtube、广告、搜索、地理商务（GeoCommeree）。在他看来，谷歌犯错的结果就是，终于找到了自己擅长的地方，至少这方面不会走得太远。

面对一个崭新的行业，错误不可避免。为何有的企业因错而兴，有的企业因错而亡？关键在于错误的大小和如何对待错误。

大凡失败的网站都毁于大错之中。大凡成功的网站都是基本没犯大错，又能正确对待错误，迅速纠正错误。所谓大错是指战略上、方向上、模式上的错误，如瀛海威就是由于其战略方向错误，理念太过超前。

马云对待错误的态度是：直面错误、迅速纠错、不犯同样的错误。

直面错误，就是公开承认错误，公开承担责任。这一点从马云大会小会上的公开讲话就可以看出。

迅速纠错，就是知错就改，立即调整，包括毫不手软、雷厉风行地动大手术。

阿里巴巴寒冬时节的裁员、削减成本、整风、培训都是纠错，纠错的成果是使阿里巴巴成功过冬。

不犯同样的错误，就是善于总结经验教训，善于化错为宝。淘宝创业过程中基本没犯阿里巴巴的前期错误就是个成功的范例。

阿里巴巴在其发展过程中基本没犯大错，否则阿里巴巴恐怕早就走向衰亡了。但“小错”“中错”并不少，如扩张地盘时太过盲目、过早国际化、迷信国外来的高管……

正是这些错误使马云成熟，使阿里巴巴成熟。马云正是在不断犯错纠错中变得越来越聪明，并最终成长为一个重量级互联网企业的 CEO。

执行力金句：

企业必须建立系统而科学的培训体系来维系员工的发展。只有卓有成效的培训才能使员工有效地执行企业的经营策略。

◆ 逆向思维也是一种创造

逆向思维是一种有效的思维方式，它能帮助你拓展思路，开阔眼界，抓住本来没有意识到的好主意、好方法，有助于你开拓自己事业的蓝海领域，取得全新的成就。马云创立阿里巴巴以及之后的许多成功决策都与其逆向思维紧密相关。

1999年2月21目，阿里巴巴召开第一次员工大会，会上马云说出了自己构想的网站模式“不做门户，也不做B2C，而是做面对中小企业的B2B。”这个“疯狂”的想法，让会议的争论异常激烈。

当时的中国互联网市场中，虽然都能找到美国的三大模式（门户、B2C、C2C），但绝大多数都是门户网站。会议上多数人认为做门户网站是唯一可行的方案，但马云坚决否定了这个提议，他说：“大部分人看好的东西，你就不要去搞了，已经轮不到你了！”

马云的构想起源于1999年2月他在新加坡参加的亚洲电子商务大会。当时，会上发言人大多为欧美人士，马云想，欧美电子商务市场，特别是B2B模式是针对大企业的，而亚洲电子商务市场主要在中小型企业。他决定创办一种中国没有、美国也找不到的模式。于是马云萌生了做面对中小企业的B2B的想法。马云曾不止一次地说：“如果一个决定出来以后有90%的人说好，你就把这个决定扔到垃圾桶里去，因为那不是你的。

别人都可以做得比你更好，你凭什么？”这就是马云的逆向思维方式，看起来疯狂，却很有效。

逆向方法就是大违常理，从反面探究和解决问题的方法。很多时候，对问题只从一个角度去想，很可能进入死胡同，因为事实也许存在完全相反的可能。有时，问题实在很棘手，从正面无法解决，这时，假如探寻逆向可能，反倒会有出乎意料的结果。

1995 年我做出的决定，改变了自己一辈子所从事的事业。而今天，我把大家请过来，跟大家探讨至少五年十年我们要做的事情。

雅虎、亚马逊等公司的上市，导致我们在想，Internet 是不是已经到了顶点？雅虎是不是已经做得差不多了？我们再跟下去的话是不是太晚了？所以我们大家今天到这里来都很着急，都在想我们这么做下去前途在哪里？到底有没有希望？接下来能玩一个什么东西出来？我们有可能变成什么样？大家可能都带来了方案，我们做上去以后的好处在哪里？

在大家都觉得是一个机会的时候，我们不去凑热闹。越在大家都还没有开始准备，甚至避之不及的时候，往往正潜伏着最大的机会。

这是马云在阿里巴巴第一次员工大会上的讲话原稿。

有心理专家指出，学习逆向思维法最有魅力的地方之一，就是从反面利用事物。运用逆向思维是一种创造。

1820 年，丹麦哥本哈根大学物理教授奥斯特通过多次实验证实存在电流的磁效应。这一发现吸引了许多人参加电磁学的研究。英国物理学家法拉第怀着极大的兴趣重复了奥斯特的实验。

果然，只要导线通上电流，导线附近的磁针就会立即发生偏转，他深深地被这种奇异现象所吸引。当时，德国古典哲学中的辩证思想已传入英国，法拉第受其影响，认为电和磁之间必然存在联系，而且，既然电能产生磁场，那么磁场也能产生电，二者可以相互转化。

为了证实这一设想，他从 1821 年开始做磁产生电的实验。几次实验都失败了，但他坚信，从反向思考问题的方法是正确的，他始终坚持这一思维方式。十年后，法拉第设计了一种新的实验，他把一块条形磁铁插入一个缠着导线的空心圆筒里，结果导线两端连接的电流计上的指针发生了微弱的转动，电流产生了！随后，他又完成了各种各样的实验，如两个线圈相对运动，磁作用力的变化同样也能产生电流。

法拉第十年的不懈努力没有白费，1831 年他提出了著名的电磁感应定律，并根据这一定律发明了世界上第一台发电装置。如今，他的定律仍深刻地影响着我们的生活。

法拉第成功地发现电磁感应定律，是运用逆向思维方法的一次重大胜利。传统观念和思维习惯常常阻碍着人们创造性思维活动的展开，逆向思维就是要冲破框框，从现有的思路返回，从与它相反的方向寻找解决难题的办法。常见的方法是从事物的结果倒过来思维，从事物的某个条件倒过来思维，从事物所处的位置倒过来思维，从事物起作用的过程或方式倒过来思维。

生活实践也证明，逆向思维是一种重要的思考能力，它对于培养人才的创造能力及解决问题能力具有相当重要的意义。

执行力金句：

“领导力就是执行力”，对于风靡全球的“领导力”这个概念，有专家用简单精确的一句话进行了概括——“领导力不是一种操纵，当你试图了解一个人，并因为从他身上获取某种东西而损害了他的利益，那么就是操纵。”

◆ 从“劣势”中开发出“优势”

在现实生活中，我们的事业常会遇到资源匮乏的问题，但只要我们肯动脑、善创新，激发大脑中的无限创意，就一定能够圆满解决问题，让有限的资源产生无限的价值，令本来不占优势的事情发挥出潜在的优势。

马云认为，把一个本来不占优势的事情，充分发挥出潜在的优势，是打破常规的真正精髓。

杭州相对于国际大都市上海来说，无论在硬件还是在软件上，对于从事电子商务的阿里巴巴来讲都看似是一个不占优势的地方。马云却能在这种“劣势”中开发出“优势”，正体现了其打破常规的精神与智慧。

也许我们手里的资源不充足，但只要我们敢想、敢做、敢创新，就会有成功的一天。

当然，打破规则并非一蹴而就，需要先了解规则、适应规则然后才能建立新的规则。在中国入世谈判的一段时间内，国内也刮起了所谓遵循游戏规则的风潮，大多数企业家在观念上逐步接受了这一观点。不过。在对待游戏规则的态度上。人们很可能会进入另一个误区。这种意识，对于中国所有的企业家，特别是在现代社会中渴望找到机会的人来说，特别重要。

亚马逊公司的杰夫·贝索斯通过运用互联网而不是传统的分销渠道，打破了书刊行业的规则。理查德·布兰逊的维尔京集团在多个行业使已经建立的企业模式感受到了压力。零售连锁店梅体小铺的创立者安尼塔·罗德蒂克有意与这个行业内的专家们反着做，这项策略使她获得了成功。规则是需要打破的，经常打破一种规则，是以一种新规则产生为结果的，而这种方式，同样也是创新。

正如熊彼特所分析的那样，创造一种规则，同样属于大规模的创新。

既然是创新，就无可非议，相反，一味地遵循规则，可能也正是导致创新能力不足的根本原因。

因此，好的创业者就是要用新的方式，挑战那些不可能的事情。

2005年，马云出席青岛网商论坛，在合格论坛上，他指出：

到今天为止，我还是坚定不移地相信阿里巴巴总部设在杭州是没有错的。第一，任何公司都必须贴近自己的客户，客户在哪里你就要在哪里，如果今天阿里巴巴是做电子政务的话，我们就应该搬到北京去。做电子商务必须在离中小型企业最近的地方，也就是说浙江、江苏、广东一带，杭州很好。

第二，北京的企业都相信国有大企业，假如我们在北京，阿里巴巴在那里相当于500个儿子中的一个，谁都不关心你。在上海他们只相信跨国公司，我们本来准备把总公司放在上海，后来还是放在了杭州。

最后，我们突然发现杭州还是自己的家，杭州的几百万老百姓因为阿里巴巴回来而感到骄傲，我们杭州的出租车司机在帮我们做广告，杭州西湖上划船的人虽然不知道阿里巴巴是什么，但知道反正我们有一个公司是阿里巴巴。创新要学会把本来不占优势的项目发挥出其潜在的优势。

事实上，阿里巴巴“让有限的资源产生无限价值”的做法，其他企业也有尝试。

1988年，在一年一度的全国科技进步奖评选中，联想汉卡只得了二等奖。这个结果让联想控股有限公司总裁、董事局主席柳传志异常愤怒，他认为这是因为评审委员完全不了解汉卡的价值，才会产生如此不公平的结果。联想汉卡本该拿到一等奖的，但专家们把联想汉卡理解为单一的计算机辅助产品，对汉卡的巨大贡献缺乏充分的认识。

柳传志派郭为去把一等奖追回来，并表示，除非“委员会”改变成命，否则他将拒绝接受这个“二等奖”。郭为和李岚随即出马，虽然这两个充满激情的年轻人十分自信乐观，但两人很快就意识到，柳传志是在命令他们做一件不可能的事情。因为评审的结果已经公布了。

国家科技奖励办公室主任根本就不见他们，只派手下的工作人员传来一句话："我们还没干过把二等奖改成一等奖的事呢，倒是有过把二等奖改成三等奖的。"

不过，这个既定事实并不是完全不能改变的。虽然评审维权从未有过改变成命的先例，但他们还有5%的希望，那就是启动"复议程序"：由"委员会"10位以上的专家联合署名提出申请，并且详细申明初审不当的理由。

当时。郭为和李岚都是初进公司的计算机外行，如果直接去游说专家的话，专家们有可能觉得郭为他们是在走后门，起不到什么实质性的效果。于是他们采取了迂回路线，把记者们分别请到宾馆里"聊天"。1988年的最后几个月里，报纸上登满了关于联想汉卡的报道，都说这东西如何神奇，说它是把中国人引入计算机殿堂的一座桥梁。《望》杂志说它"已经销往国内20多个省市"，《北京日报》说它"已经销往世界10个国家和地区"。《科技开发动态》一会儿用专业术语说，"这是国内外汉字功能最强的系统之一"，一会儿又用诗人的语言说，"她就像躁动于母腹的一个婴儿，具有很大的生命力"。当时比较有影响力的《光明日报》《经济日报》、中央电视台、中央人民广播电台等媒体也在连篇累牍地宣传汉卡。这样做的目的就是为了让那些投反对票的专家产生这样一种心理：是不是我原来的看法有点问题？

接着，他们开始一个一个登门求见。第一个是中国科学院的副院长孙鸿烈。他本来就在为联想鸣不平，自然一说就通。然后两人拿了孙鸿烈的签名去找别人，一见面就送上事先准备的全套材料，言辞恳切地陈述理由，再递上早已写好的申请书，等着人家签名。在李岚的记忆中，1988

年她似乎没干别的，就干了这一件事。她见了人就说自己是“联想的代表”，感受过热情也感受过冷漠，见识了开门见山也见识了拐弯抹角，更体会到了被严词拒绝的难堪。攻关组在登门拜访时，并没有提出过分的要求，只是说“请你到我们公司来，我再一次给你展示联想汉卡”。

为了迎接委员们的到来，公司搭建了临时展厅，摆上了全部插着联想汉卡的计算机。委员们陆续到来，有时候是一群人，有时候是一个人，无论多少都能感受到联想集团细致周到的接待，无论提出专业还是非专业的问题都能得到耐心解答。这不仅是个技术展示的过程，更渗透着一种微妙的公共关系。

就这样，联想一个人一个人地做工作，终于攻下了10个人，10名专家联合50个专家开会。决定命运的会议终于在京西宾馆召开，50个评审委员都在场。联想需要至少三分之二的选票才能如愿。他们来到会场，利用最后的机会展示自己的成果。然后，一行人走出来，站在走廊上等待消息，个个紧张万分。

五分钟后好消息传来，走廊里一声欢呼，大家又跳又叫，李岚倚壁而泣，郭为一头栽在地毯上，晕了过去。

郭为令本来不占优势的事情发挥出了潜在的优势、把0.1%的希望变成了现实，这一过程让柳传志看到了他的才能，也为他后来执掌神州数码埋下了伏笔。

执行力金句：

执行力分为两种，正式的执行力和非正式的执行力，前者是通过建立制度和塑造企业文化形成的，后者则是在非正式情况下对他人的影响。

第十六章　创新，重塑执行力

创新是企业成长的关键动力，若不能创造成功的新产品，服务和商业模式就意味着企业将原地踏步，甚至衰退。回到1999年，初始阿里巴巴团队是一个“三无团队”：一无显赫的出身，二无成功案例或财务数据，三无特别的技术优势。更奢谈执行力。但正是创新，让阿里巴巴后来居上，成为天之骄子。

◆ 像“姜大牙”一样创新

从 1999 的 13 人到如今的 2 万员工，从创业初的 50 万元到如今的估值超 1000 亿美金，阿里凭借其独特的文化和创新模式步步为营，引领着中国电子商务的快速发展。如今的阿里旗下包含阿里巴巴，淘宝，天猫，支付宝，聚划算，阿里云等各行业的领袖企业，可以说阿里巴巴拥有全球最完整的电子商务生态链。

2015 年 11 月 11 日天猫联手淘宝更是创造了一天营业额 972 亿的世界奇迹。人们不禁思考，阿里如何通过创新让企业做强做大？阿里如何通过创新找到蓝海？

我们知道，人类心理活动的普遍现象是，长期习惯于按“一定之规”考虑问题，懒于进行创新思考。创新是人类社会进步的客观要求，这需要付出极大的努力，摆脱并突破一种思维定式的束缚。

人的一生充满无数未知，想只凭一套生存哲学轻松跨越人生所有关卡是不可能的，唯有不断突破自己，用打破常规的智慧与勇气来变通，才能迈向美好未来。作为跨越生命障碍、走向成熟的重要一步，变通是一门生存智慧，更是一门学问。

变通的最大敌人就是“定式思维”，即常规思维的惯性，这是一种人人皆有的思维状态。当它在支配常态生活时，还似乎有某种“习惯成自然”的便利，所以不能说它毫无益处。但是，当面对创新事物时，如若仍受其约束，就会形成对创造力的障碍。

阿玛尔·毕海德是美国芝加哥大学中小企业创业课程客座教授，他说：“我曾经在硅谷等地做过一些演讲，当时，有人告诉我，创新就是生产力的提升，现场很多人都同意这个观点，但是我想，创新并不是精英人群引领的事物，也不只是技术专利的申请，或者论文发表的数量，或者你的公司是否在纳斯达克上市这样一些看上去很光鲜的事情”。

他认为，只关注产品创新或者单纯模仿的项目，都不是创新。“我觉得消费者这个层面是非常重要的，一些经济学家和政策决策者很多时候都忽略了消费者这个因素，但很多创新受益者并不是生产者，而是消费者。”

打破某些规则，可能是属于一种终极的创新方式，带动所有的产业方式发生整体变化。这种方式，也许是激烈的变革，单就组合方式的生产力来说，却可能是最有力量的。

新产品和新技术的发明，虽然是最看得见、摸得着的创新，却因为成本和管理的难题，很可能被湮没无闻。实际上全世界每天都在产生成千上万的新专利技术，他们中大部分只是作为专利局的陈列品而已，根本不会对商业发生猛烈的冲击，有的甚至连影响都没有。

马云在关于“文化是企业的DNA”的演讲中指出：前些天，我组织公司的一些高层看《历史的天空》。这是一部很好的电视剧，讲述了一个农民如何逐步成长为将军的故事。主人公姜大牙一开始几乎是个土匪，但是通过不断学习、实践，不仅学会了游击战、大规模作战、机械化作战，而且融入了自己的创新，最终成为一个百战百胜的将军。

与众多的中小企业一样，阿里巴巴也希望员工像姜大牙一样，不断改造，不断学习，还要不断创新，这样企业才有执行力，才能持续成长。

没错，创新是建立在执行力之上的，如果为了创新而丧失了执行力，往往会得不偿失，作为企业管理者，执行力要求更高。

余伟是江西省电力公司九江供电公司裕丰变电集控中心主任，是江西省电力公司变电运行生产领域知名的技能专家。当年，中专毕业的余伟刚来到变电站工作的时候，便有了潜心学习、提高工作能力的意识。

由于她刻苦学习、潜心钻研一线技术，很快被推选担任220千伏变电站值班长。

担任领导工作之后，虽然管理的人很少，但余伟感觉身上的担子很重。她是当时公司岗位晋升最快、最年轻的值班长，而且她知道要想做一个优秀的变电运行技术员，仅靠中专所学的理论知识是远远不够的。为此，她常利用业余时间自学专业知识，并参加了电力系统自动化专业的自学考试，最后以优异的成绩通过了所有课程的考试。

除了学习理论知识之外，余伟还十分注重在工作实践中学习。每一次带领全班赶赴现场开展设备维护工作时，她都认真记录维护中出现的问题，组织全班进行讨论，并且把得出的解决方案记录在案。每当变电站安装新设备，她总是第一个从技术人员那儿借阅说明书，认真研究，掌握设备运行和维护的第一手资料。

由于她出色的技术水平，2006年，余伟代表九江公司参加了江西省电力公司举办的变电运行技能大赛，获得了个人第三名的好成绩；同年又被选为江西省公司代表参加了国家电网公司的220千伏变电运行技能竞赛，也取得了优异的成绩。

凭着丰富的理论知识和过硬的技术，余伟于2007年参加了江西省电力公司的重点科研项目“500千伏、220千伏变电站软件仿真培训系统”。她在科研过程中不放过任何一个学习的机会，很快掌握了全套程序的操作技术，成为技能培训中心的第一位仿真指导老师。

21世纪是一个信息爆炸的时代，科技发展日新月异，如果你不及时更新自己的知识，它们就会迅速折旧，你在企业中的价值就会不断降低。如果你不主动持续地学习，为自己充电，即使目前你在老板眼中很优秀，但长此以往，也会逐渐丧失自己的优势。

所以，像余伟一样认同企业，把企业发展的重任放在自己的肩上，持续学习、为自己充电是每一名员工不落后于时代的必然选择，也是对自己、对企业应尽的职责。

苹果公司最令人印象深刻的，其实并非iPhone产品采用了什么最新的技术，或者它本身是个高技术产品的融合体。苹果的高明在于创造了一个庞大的营销体系，将众多的消费者纳入了苹果产品线之中。因为苹果的产生，苹果在客户一端产生了数倍于产品技术制造的利润。也就是说，苹果创造了一个新规则的创新方式，因为它整合了方方面面的资源，从人、财、物到一种商业模式。

能够变通的人，必定是最能够学习，创造规则，改变规则，最会创新，适应不同条件和挑战的人。一家公司只有一大批敢于创新，敢于挑战规则的员工，才能有执行力和竞争力，才能让整个企业无往而不胜。

执行力金句：

当组织中每一个人都可以实施领导力来影响他人时，领导者本身的领导力水平决定了他们是否能够在组织中获得成功。

◆ 标新立异，人无我有

不同的生意人，具体情况不同，思想观念有异，选择行业的原则也不尽一致。有的人喜欢随大流，哪里生意兴隆，就往哪里凑；哪里获利高，就往哪里挤。而有的人偏爱独树一帜，做生意总是独辟蹊径，领先时代。阿里巴巴正是后者。

在《赢在中国》第二赛季晋级赛第四场中，参赛选手张维勇的项目是感应洁具的生产与销售，同时为客户提供专业的节水解决方案。

公司成立之初，张维勇复制其他公司业务员制订的销售模式，结果，消费者购买的时候更偏向于直接到厂家订购。另外，经销商无序竞争、窜货等现象非常严重，很少投入精力去推销产品。可以说这都是跟着别人的方式来创业。在马云看来，做生意如果“做小了，就一定要做到独特”。亦步亦趋，永远跟在别人后面是做生意最忌讳的。

关于经商，古人曾经总结过这么一句话：“人无我有，人有我优，人优我特。”日本企业界曾提出这样一句口号：“做别人不做的事。”意思就是说，做生意一定要标新立异，永远不做大多数。

标新立异，永远不做大多数，就是要凭着你对社会的理解和看法去解读世界、塑造社会。这是一种成功的捷径，也许会在你猝不及防的时候给你惊喜，帮助你成就别样的人生，活出独特的自己。

标新立异，永远不做大多数，是创业者们成功的前提。因为，在看似特立独行的行为轨迹中，我们生命的潜力会得到最大限度的开掘，只有这样，我们才能拥有更多获得成功的机会。

马云在“赢在中国”上点评：你要走的路还很长，你要有心理准备，你可能是屡战屡败，但也要坚持走下去。我听你讲的有点像形势报告，听起来全对，但不知道怎么做。

你的问题听起来不独特，你非常捍卫自己的内容，讲的都是对的。我讲的话也许是错的，但我讲的一定是自己真实的想法，我不担心是错的，我今天的想法就是这个。

所以一个项目、一个想法如果不够独特的话，很难吸引别人，你这个项目的竞争会很大。而且我感觉，你讲的东西从项目到计划，到你刚才讲话的所有逻辑，我找不出任何错误的东西，但我就觉得一定是错误的，这是我的想法，回去想想。

当今时代，是个充满竞争与挑战的时代，几乎所有创业者都感觉到创业的艰难。但凡事都有两面，对有些人来说，生意越难做，就越有钱赚，因为他们总能棋高一着，靠自己独具匠心的产品和服务吸引顾客的眼球。

26岁的温州青年陈君毕业后一直在父亲的服装厂里工作，血气方刚的他一直希望创办一家属于自己的公司，但始终没有找到合适的机会。

一天晚上，闲来无事的他打开电视机，很快便被一部韩国电视剧深深吸引住了。剧中的男主人公因故和初恋女友分手，直到30多年后，两人才在一个偶然的场合相逢，情景十分感人。

看完电视剧后，躺在床上的陈君久久不能入睡，满脑子都是电视里的情景：初恋，是甜蜜的、美好的、难以忘怀的。对于昔日的恋人——数十年前跟你在机场洒泪挥别的恋人，流着眼泪依依不舍的恋人，曾跟你相互追逐、嬉笑捉弄的恋人，时常浮现脑海深处的恋人……一旦重逢，那是多么令人感动、令人兴奋啊！

岁月匆匆，红颜易老，但是人们仍然会期待与昔日的恋人再一次相遇，以便拾回青春时代那些美丽的影子，这样也就等于找回了自己的当年，找回了自己的青春……

想着想着，陈君的大脑中突然闪过一个这样的念头——如果自己开一家专门替人寻找初恋情人的公司会不会大受欢迎呢？想到这里，陈君激动得立刻从床上爬了起来。

陈君是一个敢想敢做的人。第二天他就注册了一家专门为人寻找初恋情人的公司，公司名叫“FL服务公司”，由FIND和LOVE中的“FL”组成，意为“寻找爱情”。一个月后，他的公司正式开张了。

果然不出陈君的预料，公司的生意好得出奇。当他把“替您寻找初恋情人”的广告刊登在报纸和杂志上，头一天就接到了100多单生意，以后平均一天有70单。按每单收费500元来算，一天的营业额就高达

35000元。

后来随着公司逐渐成熟，陈君还开展了一些专门替人寻找失散亲人、老同学、老战友之类的业务，用陈君的话来说，就是通过帮助别人获得感情慰藉或弥补感情创伤以赚取相应的报酬。

有句老话叫作："夫唯大雅，卓尔不群。"其实就是在告诫我们。无论是做人还是做事，都不应该做大多数。从陈君的经历中我们可以看到，想要在市场中赚大钱，想要出奇制胜你就必须超常规经营。新市场的开发，依赖于极其宝贵的预见，见人之未见，为人之未为，观察并捕捉潜在的商机。

执行力金句：

领导者想让自己与众不同并对组织中的成员施加影响力，那么必须知道自己在影响他们的时候应该在合适的时间内使用合适的行为。

◆ 棍使得好，何必学使枪

武术中有两种器械，一种叫"棍"，另一种叫"枪"。对于创新，马云有一段关于"使枪"和"使棍"的妙论："做得很好的时候，根本不用想着做新的行业。使棍使得好的人不一定学使枪，因为他觉得使棍使得好，没必要去学使枪。"

著名学者、企业家、创新工场董事长兼首席执行官李开复也说过："创新固然重要，但有用的创新更重要。"创新是手段但不是目的，只有其成果应用于实践并产生实际的价值，这样的创新才是有价值的，否则就只能是对资源与时间的浪费。

在 2005 中国经济年度人物评选创新论坛的演讲中，马云谈到：“阿里巴巴要帮助中小企业成功。这个思想从哪儿来呢？我记得应邀到新加坡参加亚洲电子商务大会，我发现 90% 的演讲者是美国的嘉宾，90% 的听众是西方人，所有的案子、例子用的都是 ebay、雅虎这些，我认为亚洲是亚洲、中国是中国、美国是美国，美国人打篮球打得很好，中国人就应该打乒乓球。回国的路上，我觉得中国一定要有自己的商务模式。是不是 eBay 我不知道，是不是雅虎我也没有看清楚，但是如果围绕中小企业帮助中小企业成功我们是有机会的。”

马云从中国实际出发的这种认识，促使他在最初构思的时候，就确定了阿里巴巴要从中国国情、从阿里巴巴自身的特点出发，提出了这样的创新之路。阿里巴巴成立的目的“是通过互联网帮助中国企业出口，帮助国外企业进入中国；考虑到推动中国经济高速发展的是中小企业和民营经济，因此选择中小企业作为自己的主要服务对象这一创新之路”。

从实际出发思考创新之路的马云，同样坚持着创新要为客户创造实用价值这一理念。

阿里巴巴推出的即时聊天工具阿里旺旺，虽然聊天功能不如 QQ 强大，却是针对网上交易而出现的，很多功能体现的是网络交易交流的特点，方便买卖双方的沟通。它符合会员自身的实际需求，因此推广以来得到了很多会员的认可和接受。

收购雅虎中国后，马云谈到新雅虎中国的设计时说：“酷不是本质的东西，酷对我来说很难，我就是这样子的，我们酷就是做我们自己的东西，我们不希望创造酷的雅虎，创造更为实用的雅虎可能更重要。”

在谈到支付宝的设计时，马云说：“阿里巴巴的任何技术创新管理都不是追逐市场，而是追逐客户。淘宝有660万用户，淘宝所有的服务都是专注于这些用户的。阿里巴巴不在乎技术创新好不好，但技术创新一定要为客户服务。支付宝没有什么技术创新，但是管用！”

诚如马云所言“解决问题是最重要的”。一个产品最重要的是其实用价值而非其他，不管是有形商品还是无形商品或者是两者的结合，人们之所以选择它就是为了解决问题。很多创新研究都强调创新的技术内涵而不是客户真正体验到的东西，但这种创新往往是毫无意义的。我们强调创新，但更强调实用的创新。

2011年，马云曾给员工写过一个内部邮件：

经过数月的思考及准备，阿里巴巴集团决定从2011年6月16日起把淘宝分拆为三家公司：一淘网、淘宝网和淘宝商城。这次分拆影响重大，所以我向大家汇报主要的出发点和意义。

第一，全球互联网和电子商务的形势发生了巨大的变化，我们决定把大淘宝战略提升为“大阿里”战略。近两年来，互联网在搜索、SNS（社区化）和电子商务领域里发生了格局性的变化，新公司层出不穷。2009年启动的大淘宝战略取得了阶段性进展，初步建立了一个强大的以消费者为中心的网购生态系统。为了更好适应今天行业的快速发展，集团决定将大淘宝战略提升为大阿里战略。

大阿里将和所有电子商务的参与者充分分享阿里集团的所有资源——包括我们所服务的消费者群体、商户，制造产业链，整合信息流、物流、支付、无线以及提供数据分享为中心的云计算服务等，为中国电子商务的发展提供更好、更全面的基础服务。大阿里战略的核心使命仍是建设开放、协同、繁荣的电子商务生态系统，促进新商业文明。

第二，客户的需求发生了很大的变化。一方面，网上消费购物在淘宝的引导和努力下已经从生活的补充变成了生活的必需，我们要为消费者提供更专业和个性化的服务。另一方面，随着内需的展开和企业的转型，越来越多的企业将会使用电子商务来服务客户，他们需要的支持和服务也今非昔比了。

所以我们必须从以淘宝网为主的消费者平台升级为“无处不在”的供需双赢的消费平台。这新平台将由阿里巴巴 B2B 和三家“Tao”公司一起完成对不同客户的服务。我们希望一淘网的购物搜索、淘宝网价廉物美的社区化创新以及淘宝商城的精品专业体验给消费者带来全新的感受。同时，也能更加专业化地帮助更多企业和创业者开展积极的电子商务服务和营销。

第三，新商业文明的建设必然要求企业内部管理发生根本性变化，我们必须主动创新。阿里公司在短期内发展成那么大，但竞争优势不是凭个子大。我们必须在组织结构上不断尝试和创新，才能摸索出适合互联网发展的新型企业管理的思路和模式，保持创造力和先进性。

阿里的惯例就是把大公司化成小公司来做，这样才能建立更加创新的机制，才能让更多的年轻人和新同事成长起来，在“小”环境里让大家有更多机会展示才华和能力。

第四，我们相信淘宝分拆能创造更大的产业价值、公司价值和股东利益，今天的分拆看起来似乎令淘宝失去规模优势，从“有”变成了“无”，但这是无处不在的“无”！我们把淘宝融入大阿里战略的核心，将为整个行业和集团的发展创造巨大的价值，给无数电子商务的从业者更多公平竞争和发展的机会。

我们坚信，中国电子商务发展得好和阿里可能没有太大关系，但发展得不好一定和阿里有关系，今天阿里的整体利益一定是和整个行业的规模和未来一致的。我们不排除未来集团整体上市的可能性，让一直相信和支持我们的员工和股东们分享成果。

马云所带领的阿里巴巴这样，谷歌公司同样如此，在他们那里，有一种“全公司电子邮件清单”，员工可以在电子邮件中提出自己关于产品新特性或开发新产品的想法，每一项提议都可以从0（表示“危险或有害”）到5（表示“好主意，就这么干！”）进行打分。这个评分系统有趣就有趣在它认清了一件事：创新不能被默认为天然就是积极有益的，有些创新可能是“危险或有害的”。

那么，一个新的、好的想法和一个新的想法，这两者之间有什么区别呢?

有些想法“好”，是因为它们强有力，且影响深远；而有些想法“好”，则是因为它们在某种程度上让整个世界更美好。这就牵涉出了一个老问题——如何区别这两者。如果仅仅关注如何培养创新，那就没有太多余地来思考创新的隐患甚至是滥用。

哈佛商学院终身教授迈克尔·波特认为：“单纯的、无明确目的的技术变革并不重要。标新立异的企业获得成功的关键，就是找到为买方创造价值的途径，增强企业独特性，使企业获得的溢价大于增加的成本。”

健力宝集团曾经重拳推出了“第五季”饮料，无论是在产品名称上，还是在包装上都采取了与常规不同的创新。然而其推广并没有成功，消费者并不认可，最终惨遭市场淘汰。这是为什么呢?

一年只有四季，“第五季”这个名称确实够新鲜，够创新，够差异化。但是，仅仅是名称创新，品质并没有与竞争对手区别开来，消费者不会只为这个新名字而埋单的。

娃哈哈曾经推广过一款叫“维生素水”的饮料。研发者认为，含维生素的水肯定好于那些不含维生素的水。但市场反馈的情况是，注重维生素的消费者会选择果汁类型的饮料，不管商家怎么说，消费者都认定果汁饮料要比维生素水含有更多的维生素、更好喝。

企业的创新战略一定要立足于消费者的需求，不能为了创新而创新。

华龙面业六丁目方便面的成功就在于它运用了差异化战略，牢牢地把持住低档面市场。低档面市场是方便面巨头康师傅与统一暂时不愿意进入的市场，但这个市场需求量非常大，虽然有众多本土方便面企业进行竞争，但各区域市场上始终没有强势品牌。

华龙面业看到了产品差异化契机：绕开与行业巨头的竞争，全面进入低档面市场；打造强势品牌，采取低价策略，从而击败众多本土品牌，确定霸主地位。针对中原人尤其是河南人爱面食、市场基础特别好，但对方便面性价比非常敏感的需求特点，华龙面业推出零售价只有 0.4 元 / 包的六丁目，以“惊人的不跪（贵）”成功实施差异化战略。

随着广告的大力宣传，六丁目出奇制胜进入老百姓内心，受到了老百姓空前的追捧，一举成为低档面的领导品牌，年销量达六七亿元。

顾客需求是市场的灵魂。从市场营销的角度讲，每一种需求都可以成为创新的出发点。但是，并不是每一种创新都能获得市场认可，只有准确把握目标顾客的关键需求，创造出顾客所期望得到但竞争对手尚未提供的利益。才能获得巨大成功。

执行力金句：

任务行为就是指导的行为，就是告诉下属应该做什么，如何去做，以及应该在什么时间完成，以及应该在哪里来完成，谁来完成。而关系行为则是一种双向沟通，是辅导的行为，动态的倾听，以及融洽的人性化的支持行为。

◆ 不走寻常路

在名为《创新的源泉》的讲话中，马云坦言无法给出创新的定律，因为创新不是设计出来的，他的创新经历也是被“逼”出来的。企业要在21世纪有所发展，必须具备四个要素：开放、分享、责任和全球化。

在业界，马云被评价为“不走寻常路”。有人曾说：“中国互联网这10年里迅猛发展且又变幻莫测，有不少能够经得起大风暴，又独具判断能力的成功人士，其中的代表就是马云。”马云具有准确、锐利的洞察力，总能比其他人棋高一筹。

2013年5月，马云被胡润研究院评为“2013中国十大创新企业家”，并名列榜首。同时上榜的还有马化腾、任正非等人，他们都是在各自的领域中，拥有独特的创新精神，并通过创新带领企业发展和繁荣，从而引领了整个行业的发展方向。

胡润研究院对马云的评价是“创立了阿里巴巴，引领了中国的电子商务行业”。在胡润研究院推出的中国品牌榜百强名单中，淘宝、天猫和支付宝这三个上榜品牌都是由马云创造的。

在马云看来，要创新必须扛得住压力，挡得住诱惑，耐得住寂寞。他最早被人说是骗子，到后来被说成疯子，到今天被称为狂人，但不管别人怎么说，马云始终相信自己，他不会在乎别人怎么看待，只在乎自己怎么看待这个世界，如何按照既定梦想一步一步往前走，这是做企业或者做任何事一定要走的路。有人曾说，因为阿里巴巴的B2B没有被世界认可，马云推出了C2C；又因为他的C2C也没有被认可，所以阿里巴巴并购了雅虎的搜索引擎。这些都是外界的猜测而已，马云认为中国的电子商务在未来几年一定会出现突破性的发展，也许三年，也许五年，电子商务在中国一定会超越美国电子商务的模式，这是他坚持的判断。

2011年3月，马云发表“创新的源泉”演讲，他说：

我从不使用咨询公司，也很少理会学者的说法，因为他们的理论都是事后归纳出来的。创新绝对不是提前设计好，按图索骥地一步步走下来，创新既没有理论，也没有公式，就是一个个地解决问题。我相信，天下有1000个问题，就有1000个答案。

1994年底，我在美国上网时发现当时的互联网上没有任何关于中国商品的信息，当时就有了稀里糊涂的想法：把中国企业的信息放到网站上去，让外国人查，让外国人帮中国企业做事情。

回到杭州，我咨询了大批老师，他们都反对。我又请了我在夜校的24个学生来家里讨论，经过两个小时的讨论，23个人反对，只有一个人说你要试试就试试看，我就决定试试看。到工商局注册公司的时候，我花了一个多小时解释互联网公司是什么，工作人员却说这个在字典里没有，于是我成立了杭州第一家电脑资讯服务公司。我的创业正是从这家公司开始的。

从一开始，我们就定下了通过电子商务帮助小企业的战略，今天看来这是成功的。如果你要问我，阿里巴巴怎么这么厉害，怎么这么早就预测到电子商务？我要告诉你，其实当时我们没有其他路可走。当时的网络经济模式只有三种：一是做门户网站，但我没钱没资源；二是做游戏网站，我不想让小孩子们泡在游戏里；所以我们只能做第三种——电子商务。

支付宝，现在看来也是一个很成功的创新，但在我这里，也是被“逼”出来的。淘宝当年做得很热闹，但是没办法交易，中国的网上诚信现状逼迫我们必须解决支付的问题。但是，这个事儿得国家发执照，我们做还是不做？大的国有银行不愿意涉足这个领域，但是他们不做，花旗银行、汇丰银行这些外资银行就会做。

那年我参加会议的时候，听一位领导人讲："什么让你创新和做出对未来的决定？那是使命。"所以我告诉同事们，我们要做"支付宝"。但是我会每个季度向央行等有关部门报告我们到底怎么做的。既然做就要做得干净，做得透明。

支付宝的模式其实也谈不上创新，甚至很愚蠢，就是"中介担保"，你买一个包，我不相信你，不敢把钱汇过去，就把钱放在支付宝里。收到包后，满意了中介就把钱汇过去，不满意就通知中介把钱退回来。和学者们谈到这种想法时，他们说："太愚蠢了，这个东西几百年以前就有，早就淘汰了，你干吗还要做？"但是，我们并不是想去创造一种新的商业模式，只不过是为了解决很现实的问题，至于它在技术上有没有创新，那不是我们关心的话题。经过几年的"盲人骑瞎虎"，到今天为止，支付宝的用户已经突破56亿人。

石油大王洛克菲勒说过："如果你想成功，你应辟出新路，而不要沿着过去成功的老路走……即使你们把我身上的衣服剥得精光，一个子儿也不剩，然后把我扔在撒哈拉沙漠的中心地带，但只要有两个条件——给我一点时间，并且让一支商队从我身边经过，那要不了多久，我就会成为一个新的亿万富翁。"

创新首先是一种态度，而不仅仅是建立一个强大的研发中心，或者拥有庞大的研发人员那么简单，重要的是把创新延伸到整个公司，是适应新的市场需求，不断拿出更好的产品，不断满足人们对产品的要求。

美国家乐公司正是因为创新起家。该公司首创了早餐麦片，引发消费麦片的潮流。其后，家乐公司以它质量可靠、供货稳定等特点，在美国市场傲视同行长达20多年，其地位无人匹敌。但是，家乐公司沉浸于自己的美梦中而渐渐丧失了进取精神。到了20世纪70年代末，人们的消费习惯随着时代的发展产生了变化，家乐公司却在丰厚利润的掩盖下，没有注意到这种变化，也没有采取新措施以适应新的形势。就在此时，竞争对手向它发起了进攻。美国的通用磨坊、通用食品等公司通过充分的市场分析，了解了新的消费群、新的消费口味，并有针对性地推出新口味、新品种、多类型的价格便宜的麦片。它们不仅在产品上创新，而且采用了新的宣传方式，大搞促销活动。结果，产品一经推出就大受欢迎，成了市场上的抢手货。

市场是非常残酷的，消费者很容易喜新厌旧，新产品给了家乐公司迅猛一击，在毫无准备的情况下，家乐公司的市场占有率从过去的 80% 以上急剧下降到 38%。

在现代社会，最具创新力的企业，才能赢得更多的利益。家乐公司由于后来疏于对产品的创新，没有跟上时代的变化，导致的结局只能是产品被淘汰，公司走向破产。

创新是一种观念。一个人如果没有强烈的“创新”观念，不能时时刻刻想到创新，不能时时刻刻注重创新，那么，创新自然也就成了一句空话。所以，在进行创新之前，首先要解决观念创新问题，如果在思想上接受不了，更不用说去做了。

古人说“不谋全局者，不足谋一域；不谋万事者，不足谋一时”，说的就是“思路决定出路”，而思路的形成离不开观念的创新。

那么，怎样才能做到不断创新呢？下面有几个可行的方法。

第一，加强学习，注意训练。在学习的基础上，注重思维方面的训练，开发自己的智力。平时，在工作当中遇到问题时，要养成经常问自己“到底应该怎么办？”的习惯，从而给自己的思维施加压力，使思维保持在灵活状态，一旦注入要素，能确保正常运转。

第二。对自己的工作要经常系统思考。系统思考是指从全局性、层次性、动态性、互动性等方面综合考虑问题的一种方法，系统思考将引导人们产生一种新的思路，使人们从复杂细节中。抓住主要矛盾，找到解决问题的方法。

第三，另辟蹊径，深入开掘。对同一事物、同一问题，不要人云亦云，拾人牙慧，尤其是对一些司空见惯的问题，更不可一味“老生常谈”，重复他人说过无数遍的话，而应有一些自己独到的认识和看法。

第四，要有批判意识和怀疑精神。批判意识和怀疑精神是创新的重要条件，看问题的时候多一些怀疑、多一些批判，有助于进一步提出更好的解决方法。

执行力金句：

要想提高员工的执行力，首先还是得从企业的使命感，和员工价值观和认知度来考虑，一个好的企业文化可以提升员工的价值观和对企业的忠诚度，从而间接地改变员工工作积极性，提高执行力。